U0922736

Die
WELTREISE
einer
FLEECEWESTE

一件毛背心的环球旅行

讲给青少年的全球化小故事

（德）沃尔夫冈·科恩 著 （德）布里吉特·杨森 图 齐薇 译

山西出版集团·山西人民出版社

图书在版编目（CIP）数据

一件毛背心的环球旅行：讲给青少年的全球化小故事/（德）科恩著，齐薇译. —太原：山西人民出版社，2010.8
ISBN 978-7-203-06941-6

Ⅰ.①一… Ⅱ.①科…②齐… Ⅲ.①国际化—通俗读物
Ⅳ.①D81-49

中国版本图书馆 CIP 数据核字（2010）第 166571 号

版权合同登记号 图字：04—2010—030

一件毛背心的环球旅行——讲给青少年的全球化小故事

著　　者：（德）沃尔夫冈·科恩
插　　图：（德）布里吉特·杨森
译　　者：齐　薇
特约编辑：邓　晨　谷文彩
责任编辑：武　静

出 版 者：山西出版集团·山西人民出版社
地　　址：太原市建设南路 21 号
邮　　编：030012
发行营销：0351-4922220　4955996　4956039
　　　　　0351-4922127（传真）　4956038（邮购）
E-mail：sxskcb@163.com　发行部
　　　　sxskcb@126.com　总编室
网　　址：www.sxskcb.com

经 销 者：山西出版集团·山西人民出版社
承 印 者：北京通州兴龙印刷厂

开　　本：700 mm×1000 mm　1/16
印　　张：11.25
字　　数：80 千字
印　　数：1—10000 册
版　　次：2010 年 9 月　第 1 版
印　　次：2010 年 9 月　第 1 次印刷

书　　号：ISBN 978-7-203-06941-6
定　　价：22.00 元

目录

CONTENTS

第一章

毛背心是如何成为主人公的

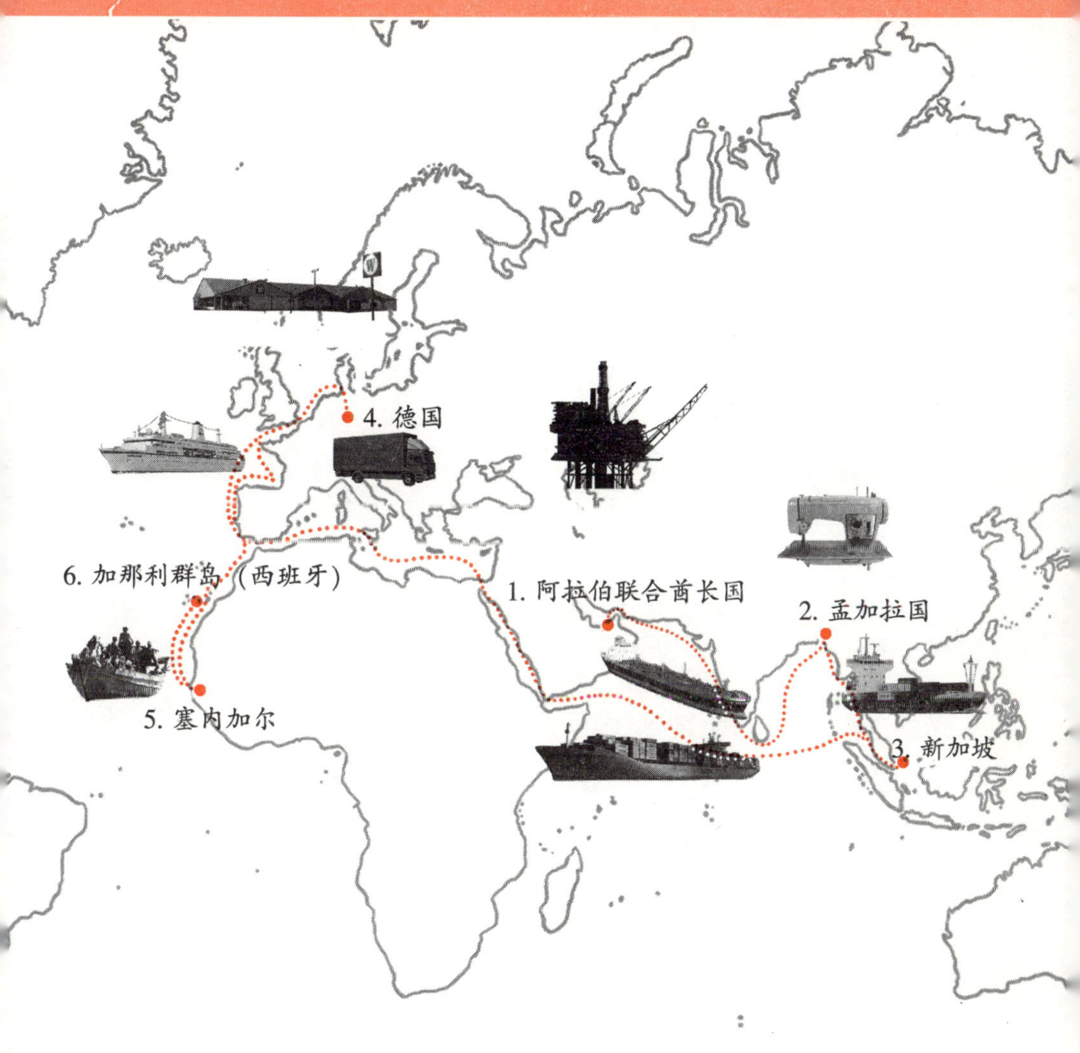

这不是一见钟情，绝对不是！鲜红色的毛背心也许适合女孩或者拜仁慕尼黑的球迷，但一定不适合坚决支持多特蒙德足球队的记者。

第一次在 W 百货商店看见这件毛背心时，我立刻就把它扔到一边去了。我很愿意拥有一件棕色的毛背心，或者米色的也可以。如果没有这些颜色，蓝色的也行。可是，我能穿的尺码就只剩下红色的了。

其时正值 2005 年深秋。我正计划写一本书，但计划卡在了最后阶段。因此，我没时间去逛其他商店。此外，由于出版社的预付款就要用尽，我也没钱去买一件名牌毛背心。漫长的冬季即将来临，而我每天则必须坐在寒冷的书房里，在计算机前工作 8～10 个小时来完成我的书。如果我不想在办公椅上被冻僵，就一定要想个办法。逛了两家百货商店后，我终于赶上了一个打折的机会。

那时，谁又能想到，这件毛背心会成为我的一本书的主人公呢？

※　※　※　※

我写这本书的想法是这样产生的：我的出版社想出版一本关

于全球化的书。对此，我早就有了一个好主意，只是还缺少一位恰当的主人公。为了让所有的人都安下心来，我宣布：我一定会在圣诞节前找到这个故事的主人公！该主人公应是一件物品，它带领我们飞速周游世界，漂洋过海，游历亚洲、欧洲和非洲。

然而，日历让我大吃一惊。它突然显示，现在已是 2007 年的 12月 21 日了。为了最终把书的主人公确定下来，明天我将以一种特殊的方式来挑选角色。我的候选人当然不能是歌手或者舞蹈演员，它应是一名使人们的日常生活变得轻松愉快的沉默奴仆：烤白面包片的电烤炉、计算机、MP3 播放器、吸尘器、烤面包机或

是电视机。

我们从哪里能看出这件物品的旅游天赋呢？产地是首要的关键因素。这可以由一枚小小的标签来确定，它可粘贴在或印在任何一个地方。例如，我的烤面包机产自哪儿？中国香港。闹钟呢？中国内地。我的计算机是哪里制造的？它是由“台湾组装”的(在中国台湾组装)。甚至连一些用德文撰写的书籍都是在国外印刷的。例如，我的地图集就是在斯洛文尼亚印刷的。电水壶呢？它破例产自德国——“德国制造”！这确实是很罕见的。这种情况现在人们很少能遇到了。

这些物品的产地只是它经历的一站。它的全部旅行包括从原材料的开采到最终的利用——在垃圾堆或其他任何地方。

好了，我们再回到挑选角色上来——我有几个有趣的候选物和一件最深得我心的物品：我的笔记本电脑。它的品牌是美国的，处理器是慕尼黑制造的，整机是中国台湾组装的。从这些情况来看，它大有希望成为主人公。

但我还是不能作出最后的决定。我想讲述的是，物品从原材料开采到报废或再利用的经历。如果我选择一个由许多零配件组成的物品，那么我就必须同时把搜寻的范围扩大到很多方面。对我来说，这既费时又费力，并且写出来后还会让我的读者感到无聊。我将原定挑选故事主人公的时间延迟到12月23日……

第二天，我坐在客厅看电视。就如往年圣诞节前一样，电视里引人注目地大量报道着需要帮助的人：无家可归者、穷人和逃亡者。

一篇报道谈及非洲的偷渡者，他们驾驶一艘小船横渡大西洋到达加那利群岛。六十多人挤在一艘小船上长达十天之久，风吹雨淋，最后他们连饮用水也喝光了。一名游客用他的摄像机抓拍到了一些戏剧性的画面：偷渡者无力地瘫在海滩上。这些画面中有一幅近景特写：一位身着鲜红色毛背心的年轻人。

红色的毛背心——这不禁使我怦然心动。等等！也许这正是我那件鲜红色的毛背心吧？

因为几个月前，我刚好“送”走了我那件红色的毛背心，它和别的旧衣服一起被装到汉诺威的旧衣集装箱里。这些衣服——

最近我看过相关报道——它们中的大部分发往西非，并且在当地出售。

我甚至想，我能认出“我的”毛背心左侧的红葡萄酒的污渍，或许污渍在右侧？又或许这只是一次不成功的拍摄？整个下午，我都不能集中精力做任何事情。这是我的毛背心吗？这真的有可能是我的那件毛背心吗？

当晚，我和我的女友说起了那位年轻的偷渡者所穿的那件红色毛背心。

她问：“你真的相信那是你的毛背心？”

“不知道。”我答道。

“现今，这样的毛背心都是批量生产的。”

“当然，我并不知道，这是否就是我的那件毛背心。除了葡萄酒的污渍，我的毛背心没有特别的特征。因此，那时你一定希望，我把它挑出来。”

“你不会现在想飞往特内里费去找那个难民营，看看那块污渍是否在上面吧？”

“胡扯！我才没有多余的钱可以花在这种旅途上呢。再者，也没有这个必要。在经历一次横渡大西洋的旅行后，毛背心看起来一定是破破烂烂的了，‘我的’污渍只是它众多污渍中的一个。”

“谢天谢地。这些人刚刚死里逃生，你却在找你的毛背心。”

这些人的情况与我毫不相干。我并不是非得要知道，这是不是

我的那件旧毛背心。重要的是：它很有可能就是我的毛背心。

在电视中看到红色的毛背心后，我不再把时间和精力都放在这个问题上了——谁会成为我的故事的主人公。我不需要再去考虑了，这件红色毛背心应该比笔记本电脑或是闹钟更合适。我的毛背心的冒险经历将表明，今天的所有这一切是如何相互联系在一起的。

一个非洲人，穿着来自德国旧衣集装箱的红色毛背心，在大西洋上漂流，这到底是怎么发生的呢？这件毛背心究竟是怎样到达非洲的？它产自何处？原材料来自哪里？为什么数百名贫穷国家的人离开他们的村庄，并试图乘小舟到富裕的国家去？为什么他们的国家一贫如洗？

答案是：全球化！

从哪里可以看出全球化？

人类使用的打火机，70%来自中国的一个小地方——温州。这些打火机从那里发往全世界。

美国人晚上感到饥饿时，他们可以打电话订购一份金枪鱼奶酪比萨，设在印度的电话总机接受订单后，再通过网络把订单信息分发给美国本地最近的一家分店。

北海的虾在捕捞后直接冷冻，然后装入港口的冷藏车，横穿欧洲，经由地中海渡船到达摩洛哥，虾在那里被转运到德国。

这真是令人难以置信。但是，这样做，德国的虾商、美国的比萨服务机构以及全世界的打火机商都节省了大量的金钱。最后，一般来说，不太发达的国家的工资成本，一般还不到发达国家的1/10。

“全球化”的定义来源于“地球仪”这个词，也就是来源于描绘了我们的星球，并将所有的陆地和海洋都画于其上的一个球体。1983 年，一位出生于德国的美国经济学教授西奥多·莱维特试图用一个词来描述——如今地球上，人类的所有经济活动是多么的紧密相连，还从未有过这么多的人，在纵横交错的地球上彼此交换

地球

＋ 物品、想法、时尚、歌曲、书籍、金钱等日益增加的交换

＝ 全球化

西奥多·莱维特

这么多的东西。

这不仅涉及物品，而且也涉及观念、时尚、音乐——特别是涉及金钱。没有人会独自蛮干，莱维特认为——甚至连非洲的一位农民也不会。我们所采取的态度如何以及我们生产和购买什么，都会对地球上其他所有人产生影响。经济活动不再仅限于一村、一城或一国，而是把全世界都相互连接起来了，即“全球化”——“全球化”终于有了自己的名字。

2007年平安夜。当人们在圣诞树下庆贺节日、四处分发礼物时，我坐在电脑前开始了一本新书的写作。

我试着认真回想那件毛背心。最引人注目的当然是它的颜色：鲜红色。从字面上来看，它应该是由羊毛制成的。羊毛这个词在英文中是“厚长毛粗呢”的意思。这，人们可以从字面来理解。料子很厚，但摸起来很柔软，就像兔毛一样。人们可能根本就不会相信，那件毛背心既不是由植物纤维如棉花，也不是由动物纤维如毛发或皮毛制成的。这种毛实际上是由人造纤维，也就是由聚乙烯——一种合成材料——制成的，而且这种材料是从石油中提炼出来的。

可是，我的毛背心的故事究竟该从哪儿开始呢？好吧，那就从首次提及它之处，即从订购毛背心的地方开始吧。

※ ※ ※ ※

2005年5月10日。W连锁百货商店的总部（它位于居特斯洛附近，紧挨奥伯豪森—汉诺威之间的高速公路A2）。会议室外春光明媚，而室内却爆发了激烈的争论。在预订春夏时装或者——一如现在——正在预订秋冬时装的日子里，所有的员工都在紧张地忙碌着。

任职多年的采购部经理维尔纳·维特考夫斯基和新上任的市场营销部经理艾尔弗里德·翁鲁彼此无法容忍。因为维特考夫斯基不喜欢太大的改变，而翁鲁则刚好相反，她一定要给连锁百货商店注入更多的活力。

桌面上，参加讨论的人员面前放着的，是各种不同材料制成的女士和男士冬季夹克衫、厚面料缝制的裤子、羊毛或聚酯编织的套衫、灯芯绒或人造毛制成的夹克衫和背心。其间，还有提供了其他许多产品的广告册。

近日来，中国纺织品生产者向欧洲批发商和连锁百货商店大量提供产品报价单。几乎所有的产品报价，都明显比来自其他竞争地——如来自保加利亚、孟加拉国或土耳其的——要便宜。因此，像鞋、滑雪裤和衬衫之类的东西，W连锁百货商店都到中国订制。

“现在，我们来谈谈人造毛产品。”公司老板说。这时，维特考夫斯基只得停住口。“迄今为止，我们一直以来都在孟加拉国的孟加拉国际纱线订货。他们提供的产品始终物美价廉。”

“质量，我亲爱的同事，在这个行业根本不重要！”艾尔弗里德·翁鲁插言道，“这些东西能穿五年还是只能穿一个冬季，对顾客来说根本无所谓。唯一重要的是，它看起来要让顾客喜欢。您一定知道，在纺织品业只有一种发展趋势：便宜、比较便宜和最便宜。中国的所有产品看起来都像名牌货，并且极其便宜。”

维特考夫斯基抗议道：“迄今为止，我们一直都在孟加拉国订货！”

“是啊，可那又怎么样呢?!”翁鲁反问道。

“难道我们此时没有某种义务吗?”

“没有！任何人都可以在任何时间、任何地点订货。”

“我们应对我们的股东负责，”老板出面干涉道，“他们还想按自己的股份分到红利呢。”

“那么，对于我们的顾客来说，”维特考夫斯基反驳道，“他们想要物美价廉的商品。但中国人真能像他们对我们承诺的那样供货吗？他们能遵守交货日期吗？质量能满足某种最低要求吗？他们有没有使用刺目的颜色？孟加拉国际纱线 13 年来一直以稳定的质量和合理的价格向我们供应货物。”

“好吧，”老板正式宣布，“我们今年依旧在孟加拉国订购毛背心。”

午休后，他的秘书坐在办公桌前列出订单。她先要呈交给部门

经理签字，然后直接给中国和孟加拉国发传真。

此外，传真上还附有：1000 件合成毛 100%的毛背心。单缝，中长拉链，两侧内袋，颜色：米色、蓝色、灰色或棕色。

出人意料！订购的毛背心中竟然没有鲜红色！

第二章

迪拜的石油财富，或：金钱能买到一切吗？

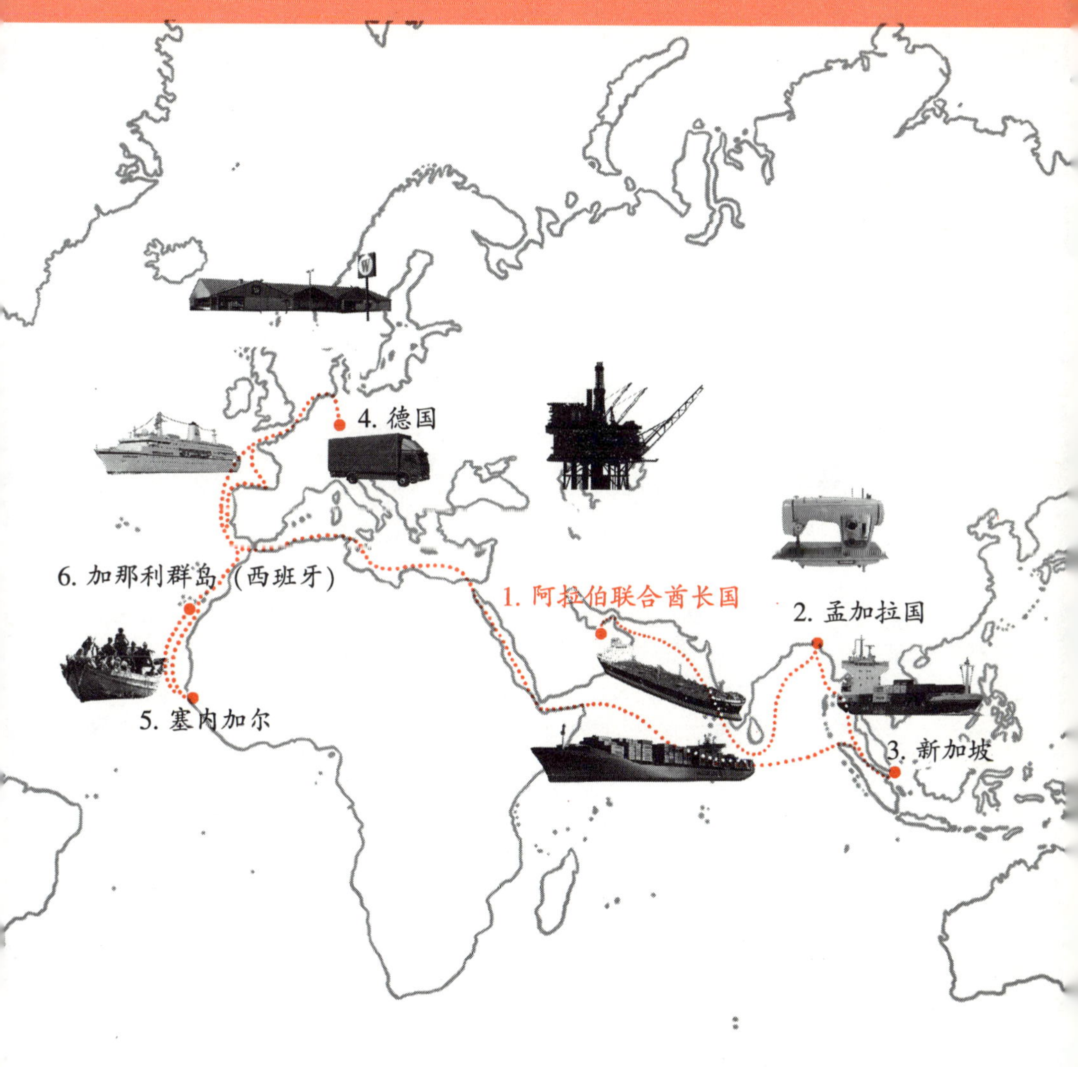

2005年8月10—11日深夜。石油从地下开采出来，我的毛背心就是从石油变成的。

那么，我们此刻身处何方？在海上，虽然是夜晚，但海岸仍极目可见。温暖的海风轻轻拂过海面，耸立在我们四周的灯塔就像海上的巨大的圣诞树。人们在石油开采岛上24小时不断地开采石油，以至附近的海岸也是灯火通明。

此种情景——陆上油田（如：西伯利亚）和北部油田（如：挪威沿海）是排除在外的，同样排除在外的还有：非洲的油田（如：苏丹沿海），还有南美的油田（如：委内瑞拉沿海）——当然，仅限于中东。这儿的灯光不是散落地亮着，而是像巨大的嘉年华般光芒四射，即使是在一万米的高空，夜间航班的乘客顾盼间皆俯视可见。就在海岸线前的灯光链下，大多数人都可以清楚地辨认出一片巨大的由一个圆形环绕着的棕榈叶。

这片棕榈叶是非常独特的：它位于波斯湾，酋长的辖地迪拜的海岸前。迪拜属于阿拉伯联合酋长国，在近20年到30年内，由于丰富的石油储量，它变得不仅仅是富有，而是超级富有。灯火通明不只是在节日，平日亦是如此。拥有如此丰富的天然气和

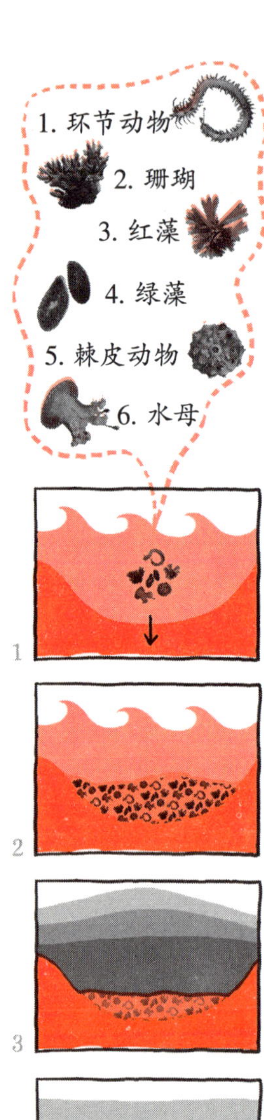

石油，谁还会在乎电费呢！

2005年8月11日清晨，一台钻机在迪拜的采油平台上钻到了地下油藏，石油立即沿着钻探管道射向空中。石油混合物是历经大约1.5亿年形成于完全密封的岩石层中的。它在发酵的同时释放出大量的天然气，因此处于强大的压力之下。早期建立的巨大的储油池常常起火，现在，石油开采后立即通过管道将其输出。日复一日……

然而，石油混合物究竟是怎样形成的？为了回答这个问题，我们必须追溯到2亿至9亿年前。那时，地球上只有一个巨大的海洋，原始海洋；至今存在的所有大洲，那时还相互连接在一起，形成了唯一的大陆。大陆周围的地域，海水相当浅——如同我们现在的海边浅滩。这里加速了史上第一批生物的出现，首先出现的是红藻和绿藻，当然也有一些小动物：水母纲的生物、环节动物、第一批珊瑚纲生物和棘皮动物——海胆和海星的祖先。

那时的地幔还不像现在这样坚固，它不停地

上下来回移动。大量的海洋盆地因此脱离了外海。众多的生物生活在这些盆地中，它们死后并没有漂流至外海，而是沉到了海底。这些生物的数量是如此庞大，以至于它们既不能被全部吃掉，也无法完全被细菌分解。

在缺少氧气的情况下，这些生物的遗体无论如何也不能被分解——于是形成了一种沼泽物质。在百万年的进程中，它们随着泥沙一起沉到海底，并且作为整体一起移动。沉积物在密闭的岩石层中层层堆积，当温度和压力达到一定程度后，它就转化成了碳氢化合物。温度和压力，或者还包括细菌的分解，最终导致了石油的生成。

如果人们认真地想一想，石油的形成一直还是个秘密。至今也没有研究出，这个过程究竟是怎样的。总之，无论如何这是一个小小的奇迹：一种几乎仅由能量和其他有价值的成分构成的材料。

如果几百万年前大自然没有形成大量的石油、天然气及煤炭，人类的旅行方式极有可能还是——陆路乘马车，水路乘帆船，我们今天所说的全球化也不可能出现。不过，地球上的原材料分配很不均衡。有些国家根本没有或者分到的很少，而另外一些国家则多得取之不尽、用之不竭，例如，大多数阿拉伯国家都有巨大的石油蕴藏量。

※ ※ ※ ※

让我们再次回到 **2005** 年 **8** 月 **11** 日的清晨。石油已经开采出

来，几艘油轮也已在石油开采平台附近抛锚，长达 187 米的“马德拉斯”号就在其中。

石油在输入油轮前，先从海底的输油管道流入陆上的临时仓库。来自海洋深处的石油是由油、天然气、海水及其他污物组成的混合物。由于含有很多毫无价值的杂质，它还不适合运输。

因此，先要将这种混合物在低压下输入一个容器。天然气在这里分离，并且继续传输，迪拜的巨大电厂就是通过这种气体来运转的。比重大的海水沉到下一个油箱底部，然后用泵抽离。接下来，人们采用加热、电压和添加化学剂的方法，分离出剩下的水和其余杂质。这样，我们才得到了真正意义上的“原油”，它可通过油轮或输油管道顺利地运送出去。

大多数油轮停泊在海岸前，它们在那里等待订货——有些油轮需等数周时间。“马德拉斯”号只需等待 72 小时。有些寒意的清晨和夜晚，船长范·德·瓦尔特长时间站在驾驶台上，借助望远镜搜寻海岸。每次向迪拜航行时，他总是有这样的印象，好像他不是驶向中东，而是进入某部科幻片的空间站。

许多摩天大楼的顶层闪着蓝光，看上去像是一个怪诞的头颅。另外一些看起来像是宇宙飞船对接站：这些只有框架、工作地面却还没有砌上墙的塔楼灯火通明，四周环绕着起重机。船长范·德·瓦尔特知道：所谓的“宇宙飞船对接站”实际上是一座照得通明的尚未进行室内外装修的建筑物，以及为建起摩天大楼而搭设的脚手架。

2005年8月14日。“马德拉斯”号终于在太阳初升之时得到了驶向杰贝拉里港加油站的许可。迪拜的这个新兴港口，主要用于停靠集装箱船只，同时它也是中东最大的货物中转中心。由于油轮吃水深度很大，所以加油站位于远离港口的地方。

大约早晨8点，油轮终于停泊在加油站。三台起重机吊起巨大的管道后，将其放在甲板上，并且连接到油轮的管道系统。不久，原油就会泵进船里。但是，要给一艘将近200米长的油轮加满油还需要很长时间。

同一时间，印度人萨迪克和他的同事在市郊简陋的寄宿处吃完了早饭。他们是外籍劳工。在迪拜，外籍劳工已超过全民总数的3⁄4。他们几乎什么工作都干：在海上钻井平台和建筑工地工作，在饭店和迪拜富人家中当厨师和服务员。他们还照管花园，打扫街道，开出租车。这些外籍劳工的月收入只有150～250欧元——他们把其中的大部分都汇给了家人，自己常常不得不依靠剩余的微薄收入度日。来自西方的外籍劳工的谋生情况相对比较好（他们的收入是其在国内收入的两倍还多），他们从事的工作有：摩天大楼的施工负责人、骆驼饲养农场的兽医或石油开采岛的工程师。

萨迪克在老港口的小型商船上做装卸工。他每天骑自行车去附近的迪拜河。迪拜河是一条长长的海湾，它几乎延伸进入沙漠地带十公里之遥。几百年来，它一直被视为天然港口。而且几百年来，这里一直停靠三角帆船——一种波斯湾沿岸的阿拉伯人驾驶的传统木船。

40年前，迪拜河后面还只是一个小小的商业移民区。在这里，只有很少的房子是用石头筑成的，更多的是用黏土建造的，屋顶由棕榈枝叶盖成。即使在今天，在波斯湾几乎还是由三角帆船运输所有的商业货物：整船的轮胎、一箱箱不易腐烂的食物或者来自远东地区的电子产品。

整个上午，萨迪克和他的同事都在酷热中把一箱箱沉重的货物通过摇摇晃晃的跳板扛到岸上，而那名阿拉伯船长一直站在一旁谩骂着。尽管如此，工人们还是很高兴，今天是个“好日子”，要知道，有时他们要坐在阴凉处无聊地等上几小时。

今天三角帆船仍然停泊在迪拜河，可是后面的这座城市已经发生了翻天覆地的变化，尤其是在最近15年中。

范·德·瓦尔特船长1990年第一次停船靠岸时，与海岸平行的谢赫扎耶德路刚刚开始兴建。由于它经过的大部分地区是未开发的荒漠地带，所有的外国人都嘲笑“迪拜这条华美的林荫大道”。今天，这条八车道的交通要道被无数的高楼、宾馆和公寓设施所镶嵌。迪拜，它日日夜夜地喧嚣不停。15座以上的摩天大楼在迪拜同时兴建。而这并不是最终数字：预计 2010 年迪拜将会有 150 座摩天大楼——而法兰克福只有 19 座！

只有小型的大厦是简单的盒式建筑。与之相反，高高耸立的摩天大楼看起来非常有趣。例如奢华酒店泊瓷，其外观如同一艘搁浅的帆船，塔式高楼的正面是仿照棕榈树的树干建造的。而朱美拉海滩酒店看起来就像一架巨型的滑梯。

自泊瓷塔兴建伊始，所有建筑与之相比都自惭形秽了。这是全球最高的建筑，其高度大约在 800～900 米之间。至于它究竟有多高，这是国家机密。迪拜人担心其他国家超越它，所以在完工前要尽可能保密。泊瓷塔共有 175 层，下面是宾馆，上面是瞭望台，中间（38～108 层）是豪华公寓。

“波斯湾的奇迹”——迪拜

迪拜是位于波斯湾中部的七个小酋长国之一，它们共同组成了阿拉伯联合酋长国（VAE）。

该国被视为“波斯湾的奇迹”。血腥的冲突在迪拜周边肆虐，而迪拜成为了经济增长与和平的绿洲，来自不同民族和不同宗教的人们在这个狭小的空间里共同生存。

由于石油财富和精明的经济政策，迪拜成了全球化的赢家。按人均收入计算，迪拜是世界最富有的国家之一。为了向全世界展示这一点，迪拜人建造了世界最高的摩天大楼、世界最大的游乐园（“迪拜乐园”）和世界最大的人工岛。

在阿拉伯联合酋长国生活的非本地居民，已超过了其人口总数的3/4。外籍劳工的收入很低，他们只能得到临时工作许可。

阿联酋所缺少的是淡水。尽管如此，它的日耗水量仍然超过100万立方米。除了美国和加拿大之外，按人口平

均，它是耗水量最多的国家。它的淡水供应主要依靠海水淡化装置。电厂和海水淡化装置自然是以石油和天然气为动力的。这些能源，波斯湾的阿拉伯人还有的是。石油在逐渐减少，最终将消耗殆尽——至少在迪拜是如此。因此，政府将未来寄托于贸易、金融和旅游业：除了扩建机场和扩充机队之外，还建造了一个大型集装箱港口。它们想用宾馆和休闲公园把游客招揽到迪拜来，用人工岛、公寓房和快艇码头把世界上的富人吸引过来。

2005年8月14日傍晚时分，“马德拉斯”号已装满了1/3石油，全部装满通常需36～40个小时。像“马德拉斯”号这样的油船，承载量大约是100万桶原油——折合约1.59亿升。

劳尔是一名来自葡萄牙的船舶工程师，他全权负责协调“马德拉斯”号上的六个相互分隔的油舱的石油装卸。传感器和一个经过精心设计的由计算机程序控制的监控系统，控制石油均匀地注入油舱。否则，会造成油轮倾斜，或者导致整个船体像鞋盒一样突然断裂。

同时，石油公司通过无线电查询：你们进展如何？因为时间就是金钱，每艘油轮的日租金是5万美元。这意味着：到原油全部上船时，仅仅只为油轮，公司就已支付了至少7.5万美元。而且，公司每小时还需继续支付2800美元。因此，石油公司一直在施加压力。但是，范·德·瓦尔特船长和他的船舶工程师都是经验丰富的海员，他们不会因此而失去冷静。

※　※　※　※

2005年8月15日。在谢赫扎耶德路上。在这条路上，大多数人都驾驶越野车。那些去清真寺参加周五祷告的波斯湾阿拉伯人，还没有在近处见过钻井架和装灌站。但是，这没关系。人们既不必认识石油，也不必拥有。一如13岁的穆罕默德，他在迪拜出生，是当地人的孩子，无须为石油和金钱担心。波斯湾的阿拉伯人不是以利息就是以投资利润为生：商务间和公寓房的租金、股票和证券。或者，他们在本国人和外国人的公司出任经理（如果没有本地的联系人，外国公司就不能在迪拜从事经营活动)。穆罕默德的父亲在公司的管理部门工作，该部门管理着石油净化设备和油港。他每天检查一两次，看看一切是否妥当，再签署几份文件——其余的事情就可以让员工独自运作了。

人们获取哪些利息、利润以及监督职务，这主要取决于阿拉伯人所从属的家族。所谓的部族与执政家族的亲戚关系越近，部族能够分得的“饭锅”也就越大。一个家族就像一群人，只不过这群人

不能自主选择，而是由出身所决定：家族包括全部的旁支远亲。家族会安排好每个人的一切事宜。这也体现在穆罕默德身上：他上午必须去普通学校，每周要有两个下午去古兰经学校。明年，他应到瑞士去上寄宿学校……

但是，首先他必须坚持每个星期五都去清真寺祈祷和参加家族聚餐。这时，穆罕默德只有当他被问及时方能答话——这在阿拉伯国家是一条不成文的规定。整个家族聚餐过程严格遵循传统：全体男性都穿带帽子的斗篷、白色长袍，并且围着头巾。他们自己在一起吃饭，甚至在“家族聚餐”时，妇女和小孩也是另外单独吃饭。饭菜摆在地上，地上放着一块巨大的、昂贵的波斯地毯。

穆罕默德抵达目的地时，无数的开胃品已经一盘盘地先端上来了：腌渍的茄子、橄榄、鹰嘴豆酱、炒芝麻、大蒜软奶酪，以及各种绿色、棕色和橘黄色的调味汁。而这次传统的主食是：烤羊肉、煎羊肉、用味道浓烈的调味品酱制的羊肉，和看起来像座小山似的大米饭。

像所有的波斯湾阿拉伯人一样，迪拜人的生活方式也总是变来变去。他们用金钱向全世界展示：他们不再是单纯的游牧民族。他们建立了21世纪最现代的城市。他们开着最快的汽车，戴着粗粗的金戒指和昂贵的手表，打高尔夫球。他们带着大批随从到纽约、伦敦和慕尼黑旅游，并且在当地租住豪华宾馆的半数房间。然而，同时他们也不愿丢弃传统的生活方式。

饭后，男人们再次围坐在一起，吸施沙（一种水烟），喝茶或浓浓的摩卡（一种咖啡）。族长问："穆罕默德，你以后想去哪儿读大学？你已在美国或英国选出一所优秀的大学了吗？"

穆罕默德的脸红了，他垂下头看向地面。他不想说谎，但是更不敢讲真话。他的父亲替他答道："如果按照穆罕默德的意愿，他想成为一名冰球运动员。"

所有在座的男人都笑了。即使是世界上最富有国家的成员，他也不能轻易地去做他想做的事情。最后的决定权总是握在父亲或族长的手中。

这时，族长放下茶杯，双手合拢，看向穆罕默德："如果我们每个人都心随所愿，那么我们所有的人都可能成为赛车手、扑克牌玩家和骆驼骑手。那样的话，迪拜只会有少数几座属于外国人和外国石油公司的高楼大厦。

"因此，我们只有作为一个大家族，并且真主安拉在这个家族中为我们每个人都安排了相应的位置，我们才是强大的。我们的石油资源即将枯竭。资金投资虽然是明智的，但是我们所缺少的，我的儿子，是知识！我们怎样建造高楼大厦？怎样生产手机及扩建无线接收网络？怎样管理1000人的宾馆和游乐场？

"所有这一切，我们目前都不得不依赖外国人。因此，我们最优秀的儿子必须成为出色的工程师和管理者。如果让我说说哪些是最优秀的儿子，我认为你也是，穆罕默德。"

穆罕默德低头不语——他的心思早就跑到了冰球那里。他就这样熬过了家族聚餐余下的时间。

于是，终于等到了这一时刻——巴基斯坦的司机开车送他去冰上运动场。迪拜确实承受得起冰上运动场和真雪滑道铺就的滑雪场。拥有储量如此丰富的石油和天然气，谁还会把制冷费用放在心上呢？

俱乐部的同伴早已在更衣室等候穆罕默德了。他迅速穿上球衣，抓起球棍——它们皆由“美国制造”。教练已在室外的大厅里，在冰上划出了几条冰道，他以有力的一击把球打到了球门的左边角。这位教练来自加拿大，并且在那里参加了几年职业联赛。这位前职业运动员在迪拜执教青年冰球队的薪金究竟有多高——这是国家机密。

尽管只穿着带软垫的紧身衣，但穆罕默德仅仅感觉有点儿凉。现在，他可以把那件暖暖的毛背心好好地派上用场了。当然，他穿的不是我的毛背心，而是一件名牌货——这并不重要，我的毛背心还远未完工。当然，它的生产明天将会有决定性的进展。

第三章

全球化的替罪羊：热爱油轮的人

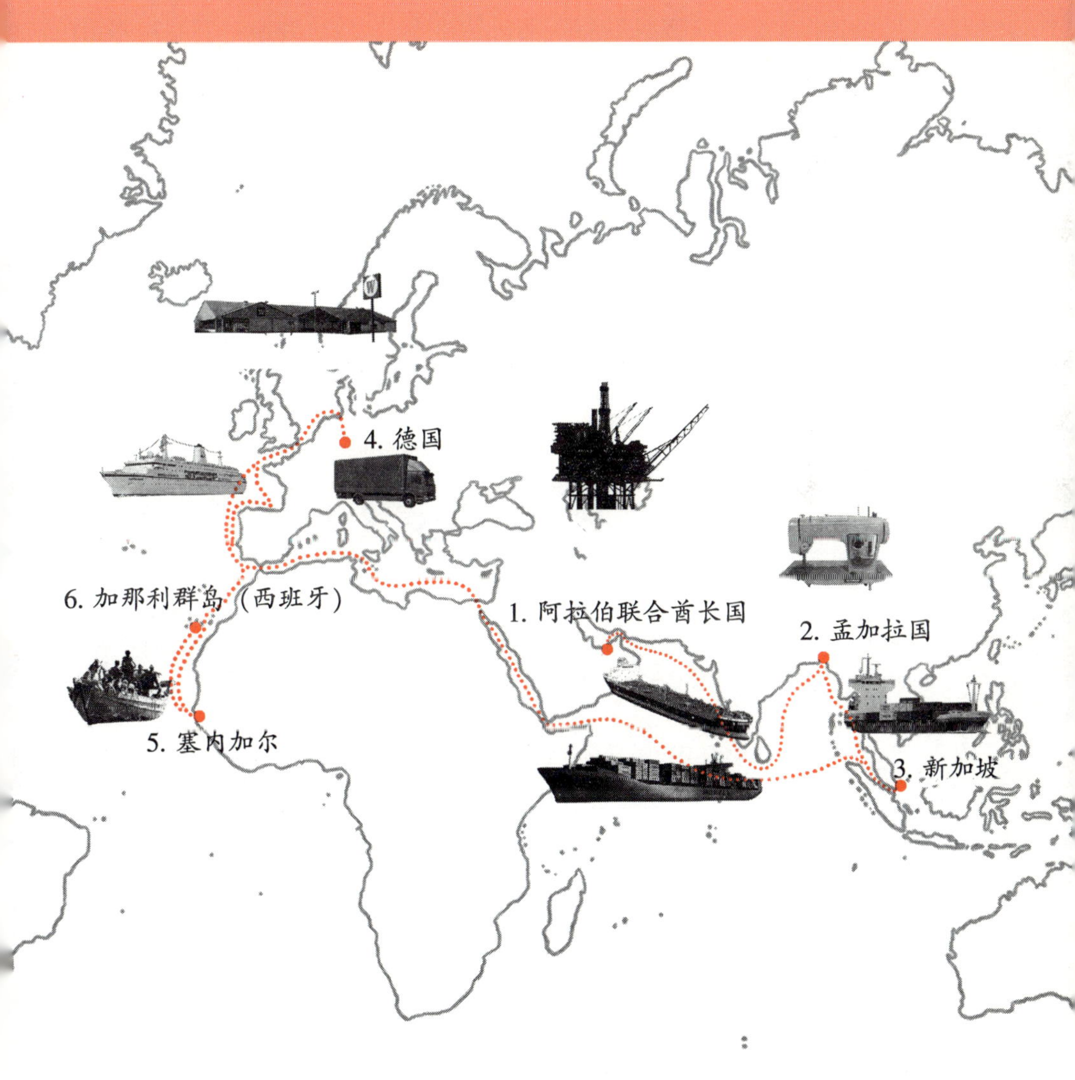

2005年8月16日上午，杰贝拉里港。当萨迪克骑车去工作，穆罕默德无精打采地慢步走向学校时，我们的油轮终于起航了。满载货物的船身离海底也就一米左右。因此，两艘拖轮在把油轮牵引到深水之中时，要格外小心。

现在，制造我的背心的原料以每小时15海里（即每小时24公里）的速度运往孟加拉国的吉大港。这个速度是石油公司确定的，它最终为油轮的燃料费买单。

然而，范·德·瓦尔特船长还不能掉以轻心。只要"马德拉斯"号还未通过波斯湾最危险的地段——霍尔木兹海峡，他就得一直站在驾驶台上——无论这要持续10个小时、12个小时还是16个小时。整个海湾的海水很浅，并且航道狭窄。尽管如此，这儿仍是许多船只，特别是油轮的必经之处。以伊斯兰教为国教的伊朗的海岸在左舷延伸，巡逻艇极其认真地守护着它的领土。

航行了近150公里后，"马德拉斯"号抵达霍尔木兹海峡，此处的航道十足像个针眼，只有区区几百米宽。幸运的是，这次没有长长的油轮队列。航行大约13小时后，"马德拉斯"号到达了阿曼湾，它向印度洋敞开。范·德·瓦尔特船长现在总算可以高

枕无忧了。

剩下的航程不足为虑：它横渡印度洋，直抵印度最南端，并从那里继续驶向孟加拉湾。舵手在这段长达4500公里的航程中只有一项任务，那就是：保持正确的航行方向。

其他船员这时的首要任务是，保持强大的马达的最佳性能和通过不同的监测系统不断地注意观察油轮及其货物。这是非常重要的，因为这样的一批货物——超过18万吨的石油——相当于一条沉睡而又易躁的龙。为了让货物在怒涛巨浪中不会左摇右晃，货舱被分成了六个相对独立的储油舱。但是，每一个储油舱并不是空心舱，而是由肋形的钢梁贯穿其间。如果油轮的内部只是一个空心体，空驶时船体就如同鞋盒一般，即使外部的压力很小，也会咔嚓一声把它压扁。

※ ※ ※ ※

2005年8月20日，在公海上。由于控制室的全面监测，全体船员在整个横渡期间几乎只停留在船的后面。全体船员包括：荷兰船长范·德·瓦尔特、葡萄牙船舶工程师劳尔·豪尔赫和21名菲律宾水手。

白天，在整个甲板上多次走来走去的，只有一名船员：船舶工程师劳尔。为了健身，他把这艘将近200米长的钢铁庞然大物的甲板当做跑道，慢跑着越过管道和粗重的锚链，再沿着泵和巨大的阀门绕过去。

劳尔只需跑 30 个来回，即 12 公里，就算完成了他的运动量。这里是热带，即使是清晨，气温也已接近 30 摄氏度。刚跑完一半的距离，他就出汗了。最后，他还要留些气力，先在网上聊聊天，然后船上还有漫长的工作时间在等待着他。

超级油轮

“马德拉斯”号全长194米，属于中等大小的油轮，它适合中等长度航线和水位较浅的港口。它能装载12.5万吨石油或类似液体，即12.5万TDW（载重吨，以吨计算的船舶承载能力）。

在德语中，“超级油轮”是指自20万TDW起的油轮。在英语中，它被进一步分为VLCC（大型油轮——超过20万TDW）和ULCC（超大型油轮——超过30万TDW）。

目前，大多数油轮的长度在310～350米之间，载重量最多达35万TDW，配备30～40名船员。

但是，35万TDW的载重量究竟意味着什么？这样一艘超级油轮能装载200万桶石油，即3.18亿升。这么多的石油可灌满1.7万辆巨大的油罐车。

超过400米长的超级油轮也已被建造。然而，它们易遭损坏，并且因其船体长度和吃水深度，只能在少数几条航道上投入使用。即使是长300～350米的超级油轮，其吃水深度也有20～22米，因此它们也只能驶向少数港口。

对于劳尔来说，国际互联网是项伟大的发明。有了它，他在船上就可以利用充裕的业余时间和世界各地的人们相互建立联系，交流看法。凭借着石油、机械和航海方面的专业知识，他参加了网络论坛。在那里，他可以尽情地发泄愤怒。他非常愤怒是因为没有人喜欢油轮，而这一点显而易见。

我们承认，这个庞然大物看起来并不漂亮，甚至可以说十分丑陋。但是，油轮非常实用——对于全人类来说。另外，超级油轮是一些非常巨大的钢铁建筑物，而它们本身正是人类自己建造的。许多超级油轮长达 300～400 米，远远超过了 300 米高的巴黎埃菲尔铁塔。而埃菲尔铁塔只是简单地把零件铆焊成钢铁栅栏式的建筑物。相反，巨大的船体则被焊接成了一个坚固的钢槽。新型油轮甚至是用双层外壁防护。这一规定将于 2015 年在世界范围内全面实施。

尽管如此，提起“超级油轮”，多数人立刻就会联想到意外事故、严重的环境灾害以及污染的海滩。劳尔认为这是不公正的：首先，意外事故并不经常发生；其次，这个过失既不是船只本身也不是其船员造成的，这是因为船主没有及时淘汰老旧的船只；最后，消费者总是想得到极其便宜的汽车能源，但是，他们对汽油的运输过程缺乏兴趣。虽然，与此同时，许多石油通过输油管道运输——例如，从西伯利亚到西欧。但是，大型油轮仍是石油运输链的核心。

当劳尔问，有多少这样巨大的油轮在海上到处航行时，人们总是一次又一次地在茫然中猜测。有些人猜想少于1000艘，另一些人则大胆地给出了2000艘或3000艘这样的数字。实际上，在大洋上航行的油轮大约有7000艘——这一数量确实还是太少了！看起来甚至连海运公司都不想要油轮了，因为它们很少建造新的油轮。这样，就形成了一个恶性循环：因为油轮声名狼藉，所以人们很少筹建新船；由于很少建造新的油轮，所以在未来几年中，石油运输能力会严重不足；因为石油运输能力不足，所以许多老旧的油轮就不能退役，而这必将增加海上发生灾难性的意外事故的风险。于是，油轮的声誉就变得越来越差……

难道就没有人喜欢油轮吗？谢天谢地，劳尔在网络上找到了一个有共同爱好的小团体。油轮爱好者相聚在这个网上家园——supertankers.topcities.com。在这里，的确有一些偏执的"怪物"，他们为了拍摄油轮图片，业余时间全都用来在港口和海峡守候油轮。在论坛中，这些爱好者相互交换几乎所有在大洋中航行的油轮的图片和信息。他们还在"神秘的油轮"的栏目下，猜测他们无法归类的油轮的产地。

劳尔也加入了能源和环保问题的讨论。人类急剧上升的石油消耗量，一直是这里首选的热门话题。目前，我们每天消耗大约8500万桶石油，一桶相当于159升。也就是说，人类的石油日消

耗量为 135.15 亿升——这就再次得出一个不可想象的年消耗总量 4932975000000 升，即 49329.75 亿升。其中 3/4 用做西方工业国家的能源燃料：汽油、柴油和航空汽油。

除原有的工业大国外，又出现了愈来愈多的新兴工业国家：首先是印度和中国，近年来，这两个国家能源需求增长极大；但也不乏逐步变强的欧洲周边的国家，如爱尔兰、波兰或劳尔的祖国葡萄牙。总之，能源消耗在未来近 20 年内将再一次增长 50%。因为将有越来越多的货物被运往世界各地，越来越多的人去遥远的国度旅行——越来越多的汽车、船舶和飞机急需发动机燃料。

当然，还有其他获取能源的方式，劳尔就是一个最好的例子：他在家里庭院的屋顶上安装了一个太阳能设备，还把一部分积蓄投入到葡萄牙的第一批风能设备之中。每当巨大的风车沿着北海海岸映入他的眼帘时，他总是开心不已。但是，他也知道，可再生能源不可能一夜之间替代不可再生能源。这其间，虽然有许多可再生能源：水力、风力、太阳能和沼气，但是，即使在最好的发展状况下，它们也无法满足全世界能源需求的 1/4。

劳尔在执勤后的一次环保闲谈中，在论坛中发现了一种非常荒谬的观点："油轮的远距离运输提高了石油的价格。"事实并非如此，劳尔在聊天参与者面前算了这样一笔账：虽然超级油轮每天的租金是 8 万美元——尽管如此，这笔运输费用几乎可以忽略不计。超级油轮一次运 150～200 万桶油。我们以 150 万桶来计算，运输路程大约是 1 万公里，包括装卸时间在内，超级油轮的租期在 20 天左右。劳尔在心里算了一下：20 天×8 万＝160 万，这笔费用再除以 2.4 亿升油（159 升×150 万桶）：每升运费只有 0.66 欧分，这甚至低于最终消费价格的 0.5%。

与此同时，另一名聊天参与者提出了一个在论坛中常常被提及的问题：对于全球化的日益增长的能源饥荒来说，石油还能用多久？

“政府联手欺骗我们，”一个名为“警示者”的人这样认为，“事实上，石油能源即将短缺，世界不久将到处陷入黑暗。”

劳尔并不认同这种观点：“能源储备还是充足的。不仅如此，在勘探技术和油田开采方面也有了巨大的进步，现在还找到了很多过去被忽略的油田。而且，更深的油田也可被开采。目前所知的油田大约有 4.2 万个，其中的许多油田还有待于我们去开采。”

“你说的根本不对，”这位“警示者”猛烈抨击道，“很久以来，所有的大油田都已被开发了。4.2 万个油田中只有 300 个油田有经济价值。因此，石油可能十年后就将急剧短缺。”

“事实并非如此，”劳尔反驳道，“十年后也将开采那些以前开采成本太贵的石油蕴藏。例如，假设不再有纯粹的石油，而是只有与沙子的混合物。然而，最重要的问题是：产品何时会因其昂贵的价格而失去它的经济价值。换言之：何时加油站的汽油对于大多数开汽车的人来说，价格都太高了？

“我们支付得起的能源还能用多久，不仅取决于石油储量，而且还取决于另外两个因素：一是取决于对其他能源的开采，二是取决于消耗。最新调查表明：欧洲80%驾驶汽车的人愿意今后减少驾车出行。”

劳尔关掉了他的计算机。就在他离开房间踏上阶梯前往驾驶台时，刚才的争论仍萦绕在他的脑海里。奇怪的是，这确实是迄今为止公开讨论的结果。借助于环球定位系统，轮船的定位可精确到米。仪器可准确地把石油的装载量显示到升，并且还同时准确地显示出其温度。但是，人们在世界范围内能源储量这个重要问题上，至今仍然没有确切的答案。

※ ※ ※ ※

在“马德拉斯”号于2005年8月22日驶达孟加拉湾期间，没有任何异常的事件发生。这儿甚至也有几个巨大的石油钻井平台耸出水面。孟加拉国自产石油，并通过管道运往石油港口——吉大港。尽管如此，该国仍不得不进口石油。一方面，是因为它不能自给自足，另一方面是因为石油必须要混合。因为，此油非彼油——一种石油含硫量太高，另一种石油太黏稠，只有把它们混合起来才正好。

水在海湾处渐渐变成棕色——可能并不是因为石油，而是有几条印度大河的河水，携带棕色的洪流远远地流入海湾。孟加拉国位于三条大河——恒河、布拉马普特拉河和梅格纳河——的交汇处。千百年来，这些河流携带的泥浆不断地在汇合之处堆积，使这个国家的陆地不断地向海洋延伸。这个地区是肥沃的，但也一直深受洪水、涨潮和热带风暴的威胁。吉大港是孟加拉国唯一的海港，位于拥有许多浅滩的三角洲地区的东部。

到达港口前，“马德拉斯”号早就超过了许多陈旧废弃的船只。被淘汰的油轮、货船和渡船等着被拖上岸，它们中的大部分在船舶拆卸区由人工拆除分解。范·德·瓦尔特船长去年曾在近处看过一次。那时，他乘出租车从海滩驶往吉大港海滨。“我们以前在那里游泳。”出租车司机向他说道。现在，整个海滩都被一层黑色黏稠的石油所覆盖。

一些巨大的轮船，像搁浅的鲸鱼一样，一半在水里，一半在陆地——等待着它的解体。有一艘货轮，船头恰好从船身掉落下来。这艘货轮的旁边停着一艘油轮的船尾，船尾大部分浸泡在水里，上面还保留着船的上层建筑和驾驶台。这里没有像造船厂里那样的能把船身拉出海水的船坞设备，只有一架巨大的起重机来回移动，运走沉重的钢铁部件；其余的全部由工人用最简单的辅

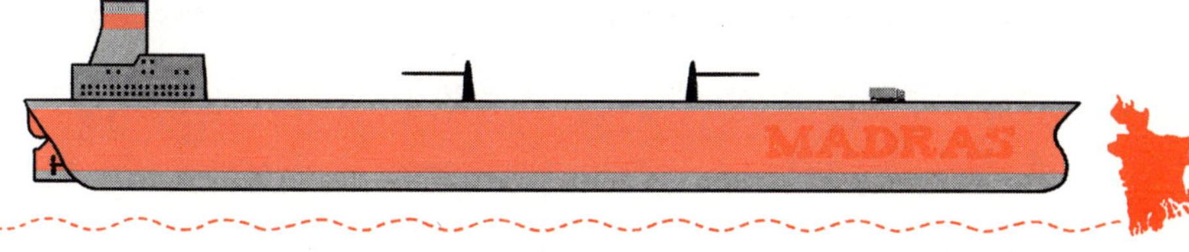

“马德拉斯”号油轮→阿拉伯联合酋长国→杰贝拉里港→霍尔木兹海峡→海湾海岸→阿曼湾→印度洋→印度最南端→孟加拉湾→吉大港→孟加拉国

助工具——焊接机、螺丝刀和榫凿——完成。站在庞大的钢船旁，人类显得尤为渺小——而且不堪一击。

“这儿常常发生意外事故，”一名领班向范·德·瓦尔特船长讲道，“然而工厂主对此无动于衷。”机器和油轮中贮存的剩余石油和油脂，也不会被抽入储油池，而是直接流向海滩。

吉大港本身并不是直接在海边，而是位于内陆的一条大河戈尔诺普利河旁边。但是，那里河水退潮时的吃水深度只有六米。因此，吉大港的石油港口处于从河口延伸到海洋中很远处的长长的搭桥的尽头。

“马德拉斯”号一在那儿停靠，人们就把石油从船里用泵抽出，经由管道流进巨大的油箱。在这之前，在此处海岸边开采的石油已贮满了一半油箱。这两种油一起被继续加工，构成了一种优良的混合物。

油轮卸货后，先用水清洗油舱，然后进行整船检修。一支由专家组成的团队登上油轮。他们在船上四散开来，分头仔细检查管道、阀门和整个电子设备，并且攀进油舱。石油、海水和氧气对舱壁的金属损伤十分严重。尽管舱壁内侧总是被反复涂上保护层，这种混合物仍会渗进保护层腐蚀金属，于是舱壁开始生锈。只有专家检测完维修单上的所有项目后，油船方能允许离港。毫无疑问，时间是相当紧迫的，因为这关系到每天 4 万美元……

第四章

吉大港总罢工！整个孟加拉国岌岌可危

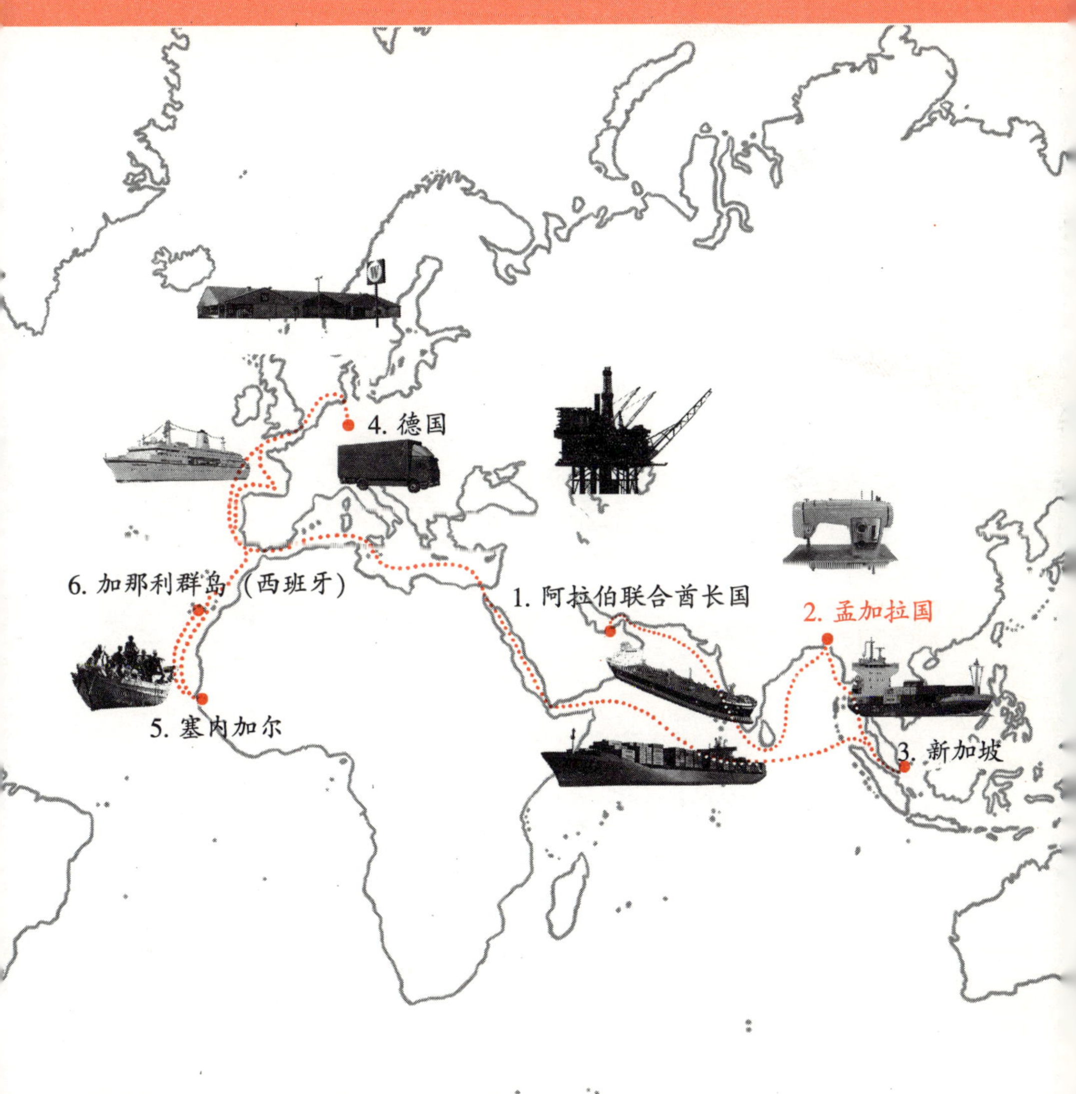

2005年8月23—24日深夜，吉大港的一个贫民窟。莫赫民和他年轻的邻居柯赫利与他们的战友在黑暗中详细讨论了最后的细节。由于电网的再次崩溃，他们只得在煤油灯下制作他们的横幅标语；他们的同事阿卜杜勒从工会总部带回来一条床单和两个帚柄。但是，应该在横幅上写什么口号呢？不管怎样，有一点是明确的，那就是他们希望增加工资。

莫赫民是一家聚酯工厂的班长，柯赫利在一家对塑料垃圾进行加工的废品再利用工厂工作。这些工作，他们实在是受够了！即使操劳至死，他们的家人也还是住在贫民窟，并且，为了渡过难关，不得不靠举债度日。而且，罢工同时也涉及了工作岗位的安全问题。莫赫民知道他想要的是什么，他以前曾在港口的一家炼油厂工作，这批用来从石油中提炼汽油和其他燃料油、沥青以及化学材料的设备，欧洲的化工工人一定会把它们看成是炼油博物馆里的展品。事实上，这批设备是由欧洲用过的旧工业设备的零部件组成的。英国工人在四五十年前就站在这些机器旁工作，而后，这些设备报废了——因为它们太老、效率太低，而且对英国工人太危险。但是，它们对孟加拉国工人并不太危险。他们只

围着一块缠腰布，日夜穿行在这个由管道和大大小小的金属油罐构成的庞大迷宫中——穿行在难以言喻的炎热、噪音和恶臭中，几乎没有任何安全条例和防护服。

所以，当有一天莫赫民终因这样的危险气体而晕倒住院时，这并不奇怪。当他再次站起来时，岗位已由他人顶替了。厂主不必支付任何赔偿，他们只需解雇事故的受害者——外面有数百名可以立即上岗的工人。

但是，与厂主相反的是，莫赫民和他的同事想举行示威游行，想争取他们的权利。“给危险的工作岗位提供更多的安全保护！”——这听起来太长也太没有力度了。因此，柯赫利——作为他们当中唯一能够正确书写的人——这样写道：**“提高 30%——立刻！”**

孟加拉国——一个经常处于紧急状态的国家

孟加拉国的国土面积是14.4万平方公里，还没有德国一半大（35.7万平方公里），但人口总数超过了1.4亿（德国：8200万）。孟加拉国是世界上人口密度最大的国家（大约每平方公里1000人）。与之相比，德国每平方公里只有232人。

然而，农村人口占孟加拉国人口总数的70%还多。因此，只能种植那些占地面积小而产量高的农作物。所以，这里首选的农作物不是棉花，而是水稻。

热带气候可以使每年收获多次，但是，孟加拉国每年有一半的时间都处于紧急状态：3月、4月和10月是热带风暴的季节，从6月到9月是季风时期。季风携带厚重的云层越过大地，暴雨倾盆而下。

孟加拉国的大部分土地位于由三条河流冲击而成的三角洲上。河水上涨时，三条河的流量相当于欧洲全部河流的总量。海啸发生时，大量河水被冲回三角洲地区，巨大

的洪水因此而暴发。

到目前为止，孟加拉人已经能够在一定程度上接受洪水——毕竟洪水所经之处，土壤都会变得肥沃。但是，由于气候的变化，海平面长期以来一直在上升，洪水灾害在慢慢增加，而且可以肯定的是，洪水的范围也在不断地扩大。例如，2004年，孟加拉国3400万人——占人口总数的1/4——的居所都被洪水淹没了。

富国筑高堤坝防御洪水，这在孟加拉国根本行不通。即使有修建堤坝的资金，人们也会担心，因腐败而将这笔资金挪作他用。因此，预计到2050年，洪水会淹没大约1/6的土地。此后，近2000万人将失去他们的地产。

大约清晨时分，莫赫民和柯赫利没有到港口附近工作，而是去了市中心位于火车站前的中央集市。

越来越多的工人聚集在那儿。有几个人头戴钢盔并用粗重的棍棒把自己武装起来。高举过头的横幅上不仅写着提高工资和增加劳动保护的要求，而且还写着："打倒康采恩!""打倒政府!""进行总罢工!"标语分别用英语和孟加拉语写成。用英语书写是为了便于外国记者理解并报道此事。

他们示威游行号召总罢工。这意味着：所有的雇员想使整座城市都陷入瘫痪——公共汽车、轮船和大型货车停驶，工厂停工，商店停业。今年在吉大港已经发生三起总罢工，其影响遍及全国，

因为孟加拉国的所有进出口货物都要经过吉大港转运。如果港口和炼油厂都停止运转，那么全国的纺织业生产也必将停顿下来。

因此，政府这次采取了强硬的激进手段。警察和军队成车地运来了，他们在港口、炼油厂的大门前和市中心的十字路口站岗放哨。

工人和工会领导人并没有因此而被吓退。他们聚集在一起，沿着车站前的道路前行。他们想踏上通往港口的达卡公路干线。

柯赫利和莫赫民高举写着**“提高30%——立刻！”**的横幅，并且以此给罢工人群带队。他们只走过了两个十字路口，就被满载警察的车辆和高压喷水车拦截在了公路上。前面站着两排用厚重

的钢盔、大型盾牌和粗重的棍棒武装起来的警察。

队伍最前面的工人首先和警察发生了争执，人们听到了多次“噗”的声音。难道警察开枪射击了吗？工会领导人让大家镇静下来：“不要害怕！这只是催泪瓦斯！用布蒙上脸！不要揉到眼睛里！”

警察随之蜂拥向前。他们手持盾牌，把每一个站在路上的人都推挤到一侧，并且还用长长的棍棒野蛮地猛力击打他们。柯赫利在一生中，还从未如此恐惧过。他扔掉标语，飞速躲进了路边的一条小巷，逃脱了。

相反，莫赫民没有抛掉标语。警察将他团团围住，企图把他手中的标语撕下来，然而莫赫民一直没有松手。这时，他的头部遭到沉重的一击，随后他被两名警察抓住，并且拖入了警车。

※ ※ ※ ※

外面的警笛还在呼啸，港口的炼油厂已在警察的监视下继续运转了。

现在，我们几天前存放在附近储油罐中的原油混合物，顺着长长的管道流入了炼油厂。这个由原油管道、贮油箱和其他许多设备组成的迷宫里，不断冒出蒸汽，发出“嘶嘶”声和嘈杂声。一般来说，石油处理在这儿要经过两道程序。第一道程序：石油被输送到一个圆筒状的、大约 50 米高的“锅子”中，即所谓的蒸馏塔，并将其加热至 400 摄氏度。这时，各种不同的烃类化合物

在此相互分离——气体和比重较轻的汽油蒸发并被挤压到上层；焦油和润滑油沉至底部；介于两者之间集聚着平均烃，其中的乙烯是制取多种合成材料的主要原料。这种平均烃原料从其他的成分中分离后，经由管道输送至第二道工作程序。

现在，在压力室同时制取了乙烯和催化剂（一种重金属锑化物）。混合物在巨大的压力下被加热至240摄氏度，少数乙烯分子化合后粘成一团。聚乙烯是由乙烯聚合制成的，这个无穷的分子就像数公里长的链条。没有一种材料像它一样，在稳定的同时还具有极强的可塑性！压力室底部的六个喷油嘴中，溢出铅笔粗细的浅灰色聚乙烯，就像从管中挤出的牙膏。

聚乙烯纤维被分成小段冷却。这种榛子大小的团状物质被称为“颗粒材料”，它是构成许多物质的原材料，因为聚乙烯是一个名副其实的魔术师。超过120摄氏度时，它以液态呈现——于是，可以压制成任意形状或轧成薄薄的塑料薄膜。聚乙烯和其他合成材料是我们全球消费界的最重要基石，它可制成购物袋、食品和芯片的包装，或者手机、随身听和笔记本电脑的外壳。还有颜料，甚至药品中的部分成分也是从聚乙烯中提取的。

然而，大多数的聚乙烯用来生产包装。因为这个世界首先是一个包装的世界，所有货物都需包装好才能长途运输，甚至还有包装的包装。此外，还要有用过的包装的包装——这些包装就是在我们这里所使用的黄色袋子。

在世界上的许多地区，人们打开塑料包装后直接把它们扔到地上——不管他们身在何处。因而，亚洲、南美洲以及非洲的大部分区域已被塑料垃圾铺满。在印度和孟加拉国，牛之所以会大量死亡，是因为它们在路上四处闲逛时，吃了那里的塑料垃圾（即使牛胃中的胃酸消化能力再强，也消化不了聚乙烯）。在那里，如山的垃圾堆高耸入云，而德国的情况则完全不同。

德国人是世界上的回收利用之王。他们把不能再次回收使用的废品放到剩余废物桶里，把其他的废物分门别类地收集整理——一项非常完美的分类工作：生物垃圾扔进褐色或绿色的垃圾桶，纸制品丢进旧纸垃圾桶，玻璃制品和瓶子扔到中心收集集装箱里。

成本最高的是标有“绿点”的垃圾，它主要是由塑料垃圾组成的。每个酸奶杯子在标有“绿点”垃圾的集散地被仔细清洗干净后，丢入黄色的袋子或黄色的桶中。虽然一些被送进了垃圾焚化炉，但是大部分运往废物回收场，并在那里分类处理。塑料垃圾被压制成捆，与此同时，它经历了一种奇妙的变化：这时，它不再是塑料垃圾，而是变成了每吨价值300～400欧元的原料。

塑料垃圾，或者最好说，聚乙烯原料，装入集装箱后首先被运往亚洲。吉大港化工厂的院子里，也放着一个来自德国的装满塑料垃圾的集装箱。

※ ※ ※ ※

同日下午。设在阴森而潮湿的地下室里的吉大港警察局总部的

拘留所。莫赫民和另外20名难友一起被关在一个小房间里。没人知道，等待他们的将是什么。所有人都心怀恐惧——在这里，简直是度日如年。

之后，他们被逐一提出了拘留室——没人回来。“这是好现象还是坏现象?”人们自问。最后，莫赫民也被带到了昏暗的审讯室，那里只有一张桌子和两把椅子。莫赫民必须报上他的名字，必须回答他的住址和工作所在地。

“谁是你们的头儿?”这个问题被一问再问。“谁是你们的头儿?”警察追问，秘密警察追问，政府追问——罢工的带头人。在他们看来，国内糟糕的形势不是引起示威游行和罢工的主因，那些煽动穷人反对政府的心怀恶意的为首闹事者才应对此负责。

啪！审讯者给了莫赫民一记有力的耳光，他的头不停地嗡嗡作响。他到底应答些什么？莫赫民根本不认识什么罢工领导者。他的同事阿卜杜勒向他讲解了罢工计划。但是，他并不是领导者。啪！

莫赫民仍坐在阴暗的审讯室里，而柯赫利已经蹑手蹑脚地回到了他的工作岗位。废物回收厂里停放着若干集装箱，集装箱里面装满了成捆的压得紧紧的塑料垃圾。工人将这些成捆的塑料垃圾搬到切割机那儿切开。碾碎机先把包装和聚乙烯瓶碾成小薄片，然后再清洗这些小薄片，并将其放置到流水线上。

柯赫利和其他许多年轻人站在流水线旁，用他们灵巧的双手分类整理这些薄片。刷！刷！刷！彩色的放在左边——以后，它们会被制成塑料薄膜和填充物。刷！刷！刷！白色的放在右边——它们可以先制成无色的纺织纤维，然后再上色。

今天，柯赫利试图比其他人干得还要更快些。他想证明，他有多么听话。他再也不会参加示威游行了。刷！刷！刷！莫赫民究竟怎么样了？

2005年8月24日。经过长时间的审讯后，莫赫民在前一天被释放了。此刻，他准时在早班时间出现在工厂门前：胆怯心虚，鼻青脸肿。门打开了——除了警卫外，老板本人也站在那里。他拦住了莫赫民："你叫什么？"

"莫赫民。"

"昨天你没来，去参加示威游行了？"

莫赫民没吭声，只是垂下了头。

"我本应开除你！但是，我还没有合适的人选来干喷雾嘴这个工种。我们必须再增设特别的班次。所有的纺织厂都开始生产人造毛，并且突然急需我们的涤纶纱。快去上工！"

莫赫民赶紧进去了，与此同时，他脱口说出简短的祷词："感谢真主安拉和他的先知穆罕默德！"

"我会一直盯着你的！"老板的声音从他的身后传来。

莫赫民围着熔炼炉走来走去，炉里放着的正是从石油中提炼出来的部分聚乙烯颗粒材料，它将和来自德国的被回收利用的聚乙烯原料一起加热。

他的工作岗位就在喷油嘴旁。熔炉中的大团物质已升至恰当的温度。他打开了那些专用的喷嘴，接着喷嘴就把细细的聚酯纱线喷了出来。莫赫民将纱线引过通风处，它们在那里固化，但这时弹性仍保持不变。聚酯纱线绕过几个拐角，最后缠绕在线轴上。用来制成后来的人造毛的纱线还要经过特殊处理，好让纱线起毛，这样织物以后就会变得厚厚的、毛茸茸的。

这种合成纤维对孟加拉国人有着十分特殊的意义。纺织品的出口占国家出口总额的 75%——但是，孟加拉国不产棉花。如果不得不进口棉花，那利润就会减少。幸运的是，对孟加拉国的纺织工业来说，近十年来一个新的产品获得了承认：合成纤维——特别是聚酯纤维。世界上已有 40%的纺织品是用人造纤维制造的。孟加拉国拥有自己的石油，因此，也就可以自己生产人造纤维，如同我的毛背心的人造毛材料一般。

第五章

奔跑的突突车、洪水和一件计划外毛背心的诞生

——孟加拉国纺织业的日常生活

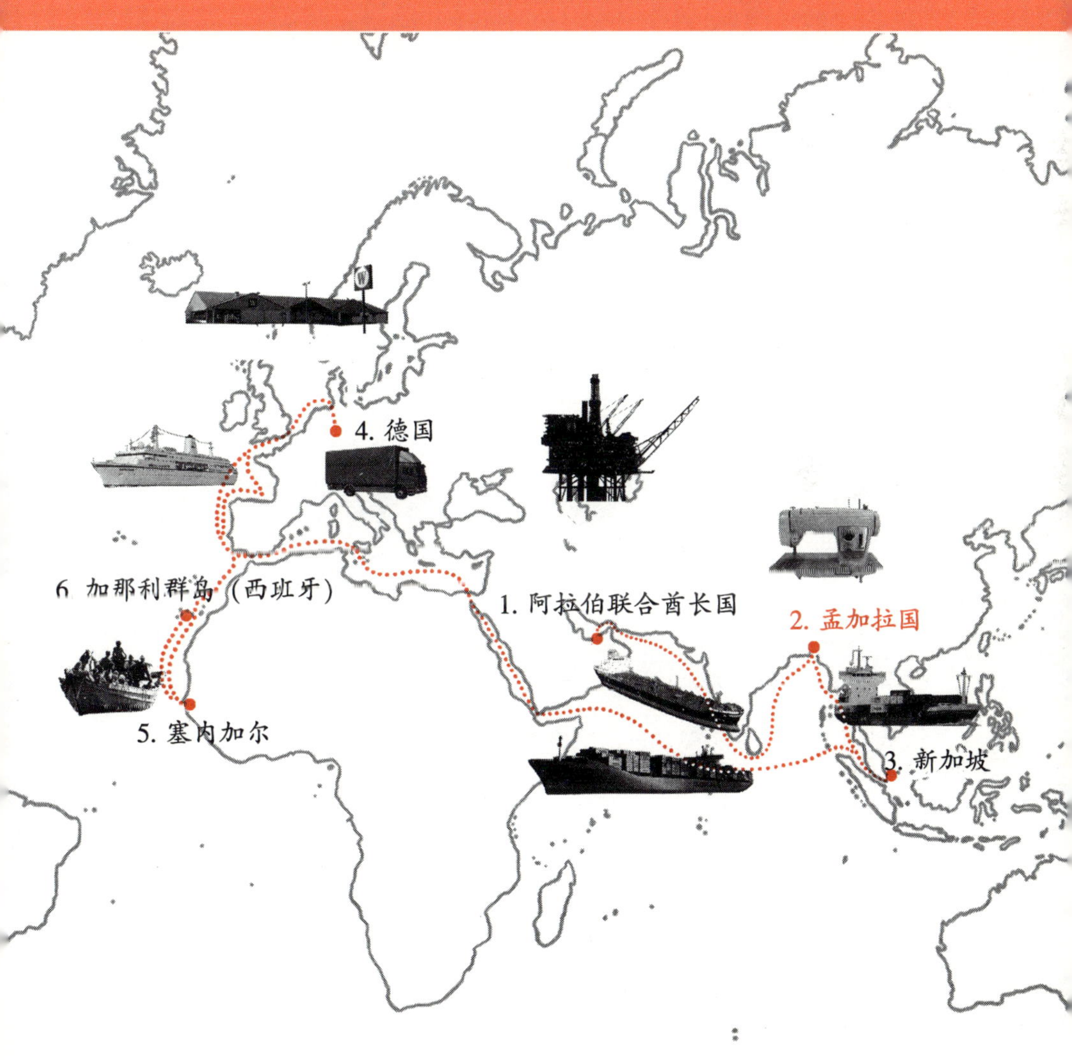

2005年9月1日。孟加拉国首都，达卡市中心的洲际酒店门前。三位欧洲商务代表刚出酒店，就立刻被包围了。大约有30辆三轮出租车的司机都站在酒店门前，他们想强行拉载“Bideshi”(外国人)。商务代表上了哈桑的车，他是唯一坐在突突车上静静等待的人。

数以万计的这种三轮摩托车至今仍在亚洲的许多城市的公路上行驶，并且到处都称它们为“突突车”——至于原因，当马达发动时，每个人都会立刻明白。开始时，它慢慢发出突突声，然后愈来愈快，愈来愈响，司机、乘客和货物都随之猛烈地摇晃——而车根本还没开呢。

这一交通工具确实可在任何时间启动，但是之后它几乎不能刹闸停车。突突车可四处穿行，它们可以穿过汽车无法通过的狭窄的小巷，并且在洪水泛滥的季节，只要两三名男子就能把它们拉出厚厚的淤泥。

突突车有一个车厢，可乘载两三个人，有时也乘载五六个人。如果需要的话，它还可载运大宗货物：大米、报纸或家具。但是，如果运气好，偶尔载到外国人的话，司机大多都可以挣到钱。他

可向外国人索要比本国人多得多的车费。

当然，无论哈桑赚多少——他都必须在晚上把大部分的钱上交，因为像大多数司机一样，他的突突车是贷款购置的。从私人放债者的手里借到的款项利息是10%——每个月。因此，哈桑不得不接受每笔生意。

他驶往市郊的纺织厂。“快点儿，快点儿！”一个外国人催促道。这种提醒是完全不必要的，因为哈桑良好的信誉就取决于，他是达卡开突突车最快的司机之一。

突突车虽然只有三个车轮，但是它有一个特别硕大而响亮的喇叭。在孟加拉国，喇叭几乎如同发动机一样重要，因为喇叭可

以使哈桑获得尊敬。“滴滴，滴——滴滴，滴——让路，我来了！”

和煦的微风吹散了聚积的热气。在粉刷成白色的房子前的小花园里，生长着棕榈树，棕榈树零星的叶子在风中轻摆摇曳。我们还在孟加拉国吗？是的，哈桑的突突车穿过达尔蒙蒂——达卡的富人城区之一，并且路过国家广场。

达卡及其周边地区的居民共有大约 1400 万。其中，至少有一半人口住在贫民窟。媒体总是片面地报道孟加拉国的这两种情况：洪水和饥饿。可是，它也有海滨、花园式的风景，甚至还有栖息着孟加拉虎的山脉和森林。

然而，不久之后，景色瞬间起了变化：出现了贫民窟和位于它后面的颇长的工厂建筑物。这些建筑物看起来就像巨大的厚纸板箱。它们大多是匆匆建成的纺织厂，因为达卡周边的整个地区都专门从事纺织业。

哈桑和他的乘客在驶往其中一家工厂的路上。准确地说，是驶向继续加工我们涤纶纱的工厂。一卡车的货物曾从吉大港运到了这里，并且在最近四天被加工成了人造毛料子。

尽管是白天，厂房大厅也相当大，但是里面仍然光线昏暗，空气混浊。与此同时，还充斥着噪音：从上千个工作岗位发出的嗒嗒声，而且是发出有节奏的嗒嗒声。只有少数几名工人绕着机械纺织机走来走去。其实，它们运转起来就像一台老式的手动织布机，经

纱相互绷得紧紧的，为了把纬纱塞到梭子里，经线依次交替上下推压。工业纺织厂的织布机要大得多，梭子在气压和水压的作用下射进空隙。整个过程由一种疏棉器系牢——但是，经线之间应留有小毛圈。

这些毛圈会在接下来的工作程序中被剪开——就像走廊的地毯上立着的许许多多短短的刺毛一样，一种耙子会使它们再次起毛。因此，人造毛就变得软软的、毛茸茸的，并且纱线间形成了很多气室，不久它们可隔绝体温。最后，幅面颇宽的人造毛料子被缠绕成一捆一捆的，每捆重达 40 公斤。

行驶了三刻钟后，哈桑让外国人在纺织厂下车了。这时，他本该拿到的是通常四到五倍的车费，但是他没有得到。门卫注意到了这次付款，他对价格的了解能精确到塔卡（孟加拉国流通的铸币）。真倒霉！不过，一件幸运事随即减轻了哈桑失望的情绪。哈桑立即得到了一个新活儿：运送成捆的人造毛。整个车厢里和车顶行李架上，由四名工人摆满了货物，车被压得嘎吱作响。

哈桑和门卫观看货物的装运时，纺织厂主开车从厂门口经过——一辆崭新的奔驰。门卫目送他离去，并对哈桑说：“我们国家只有企业主、政客或将军活得好。对于其他所有人来说，根本就没有好工作。安拉为什么允许这样的世道呢？”

哈桑微微点了点头，登上了他的突突车。他不想反驳门卫，但是他想：虽然都是糟糕的工作，但是糟糕的程度不尽相同。比如，门卫——他想——就是一份不错的坏工作。钱赚得不多，但是整天无所事事，只需喝喝茶、聊聊天，刁难一下工人。相反，他现在干的这活儿才是真正糟糕的工作：去印染厂。他发动自己的车子，踩下了油门。

哈桑的车驶上了去印染厂的那段路，连该路段的沿途风光也不是那么吸引人。他从贫民窟和摇摇欲坠的厂房旁开过去——所有楼房都遭受了季雨的袭击。整个平原都被洪水淹没了，同样的，街道上大量坑坑洼洼的地方也被淹没了。

哈桑摇摇晃晃地把成捆的货物交给了印染厂。警卫留神不让哈桑到处乱跑、乱看。这时，哈桑只得把目光投向工厂后面的那条支流：它某一天闪着红光，另一天可能就是闪着蓝光和绿光——这要视情况而定，要看在夜幕的掩护下从工厂中流出的是哪种剩余的颜料。周围地区的水源都被污染了，如果人们在里面洗澡就会生病。饮用水虽是从井里提出来的，但是在雨季，河水会蔓延到井里。

哈桑也知道，那个老旧的大厅里所发生的事情，因为和他住在同一城区的人曾告诉过他。那儿放着很多大椭圆形木桶——大到像一个小型游泳池，里面装满了碱液、有毒的酸液和所有可能用到的颜色。原料在这里先要经过漂白，直到它变成真正的白色，

这是为了让其染色以后更加亮泽鲜艳。

虽然巨大的机器将大多数整幅的料子展开并将其放入颜料桶，但是工人——绝大部分都是年轻人——为了排除故障，不得不一直把赤裸的手臂伸到大椭圆木桶中抓取东西；不停地爬进水槽，在毒浆中用脚踩踏料子。染色后，长达几百米的整幅料子被挂在晾衣绳上晾干。

接着，整幅的人造毛料子还将再经过一次特殊处理：它被放入装着溶剂的大椭圆木桶——这层涂层可防止以后人造毛起球儿。

※　※　※　※

2005年9月15日，7点45分。哈桑骑着他的突突车再次出现在印染厂大门前。四大捆和一小捆人造毛塞进了他的车里，小捆的是鲜红色的。直到货物已经装到车顶，突突车才突突地开出厂门，驶上去国际纱线纺织厂的路。

与此同时，几百名缝纫女工早已等候在那里了。守卫只把门打开十分钟。对于一些缝纫女工来说，守时并不容易，因为她们没有自己的手表，并且路边也没有时钟。

将近八点半，哈桑到了纺织厂。那里的门已经为他打开，于是他开车直接进去了。当门要再次锁上时，一位身材纤细的姑娘在最后一刻迅速地钻了进去。17岁的塔斯丽玛匆匆地跑进了工厂大楼，吃力地在通往她工作的楼层的楼梯上攀爬。一名警卫在她身后喊道："可怜的小捣蛋！下次我一定会砰的一声把你关在门外！”这儿就是这样：年轻的缝纫女工——年龄都在16～30岁之间——常常受到不那么友好的对待。

塔斯丽玛走进了三层的大厅，80多名缝纫女工在那里排成长长的两列。她在中间的工作岗位坐下来。在随后的11～12个小时里，她将一直坐在这里，除了缝纫什么都不能做。剪裁好的人造毛料子在她身后已堆积如山：两天来，她这个部门一直在加工一批毛背心。

她拿起后片儿，把它和已经安上了一个兜儿的右前片儿缝在一起。嗒，嗒，嗒，嗒……然后，肩片儿第一个缝儿缝完了。接着，是第一个侧缝儿。嗒，嗒，嗒，嗒……现在是左前侧……

能够坐在机器前，塔斯丽玛是很高兴的。最初的半年，她是助手，必须协助五名缝纫女工，但她的工资只是缝纫工的一半。她学得很快，当有一名缝纫工离开了她的工作小组时，她就坐到了她的缝纫桌前。

嗒，嗒，嗒，嗒……塔斯丽玛熟练地上好了领子。她给袖子镶上斜边，再把背心底边翻折过来缝上，最后安上拉链。她缝好了今天难以计数的背心中的第一件。而且没有人斥责她迟到了，或者——也许更糟——被威胁扣工资。

大厅拥挤不堪，照明条件恶劣，几乎密不透风。恰逢季风刚刚结束，到处都是水。大厅里散发着霉烂的气味，并且闷热异常。连呼吸都会出汗，更不要说工人还要敏捷地工作，她们个个都汗

流浃背。

最迟不过缝制第二件或第三件衣服时，塔斯丽玛的手就已应用自如了。她的思绪从昏暗的、令人窒息的大厅逃逸而出，飞回了家中。她的家在远离城市的乡下，离这里乘小公交车要三个小时的路程。她只能在每隔两三个月的几天假期里回家看看。她可以看到聚集在叔叔房前的所有邻居——20～30人蹲在村里唯一的电视机前。在孟加拉国，每100个居民中只有6个人有电视机，农村的拥有量更低。因此，人们聚在一起看电视——看电视已成为一种社交活动。

当然，私人电视台3/4的播放时间只播放广告。播放的广告有新型汽车和手机、烹饪用的特别优质的芥子油和女士化妆品。在这个国家里，半数以上的人口每天生活费不到一欧元，而且他们任何时候都不会购买这些广告产品。尽管如此，还播放如此众多的广告，人们简直是疯了。

与此相反，孟加拉国电视台、公法电视台播放相当多的教育节目。它也播放塔斯丽玛最喜爱的节目，所有孟加拉国的姑娘和年轻的妇女都很喜欢这个节目：米娜——一个类似海蒂的卡通系列。十岁的米娜是一个非常勇敢的姑娘，她喜欢上学，比家里其他所有人都机灵，并且敢于反抗对女孩的压迫。她与之斗争的是：女孩未成年就要嫁出去，女孩不能受教育，或是如果女孩生病，她们不会被送往医院就医。

通常姑娘们和妇女们独自看电视。如果男人也在的话，他们常常牢骚满腹。他们不喜欢像米娜这样的节目，他们希望女人待在家中，盲目地服从她们的丈夫，并把她们的钱财乖乖地上交。

低工资，高风险——孟加拉国的纺织女工

2005年4月11—12日。午夜，在达卡市郊，萨瓦尔，一座十层高的纺织厂倒塌了。据猜测，原因很可能是这座大楼盖得过于仓促，因为它是几个月前刚刚建成的。救护队没有合适的清理设备——八天中，他们在有些场合用手搜寻被埋在下面的人。这一不幸事件导致的悲惨结果是：61人死亡和数百人受伤。

死亡人数之所以这么高，是因为工厂内没有紧急通道。在大约3000家为外国人生产的工厂中，大部分都不符合法定的安全条例。为了防止人们偷偷地溜进溜出，唯一的入口在工作时间通常是紧锁的。

拥挤的空间，糟糕的照明，几乎毫无安全措施。在这种情况下，如果一再发生重大的意外事故，又有什么好吃惊的呢？自1990年来，纺织厂已有356名工人死亡，2500人身受重伤，没有人在这里受轻伤。

大概有200万人在纺织厂工作——90%是不满25岁的

年轻妇女。她们每周必须辛辛苦苦工作100小时（德国人每周工作38.5小时）。1994年，规定了国家最低工资标准：辅助工每月930塔卡（折合12.40欧元），一名优秀的缝纫女工1710塔卡（19欧元），一名经验丰富的缝纫女工2100塔卡（23欧元）。但是，缝纫女工一个房间的月租金就要付800塔卡（9欧元）。

女工们只有通过长时间的加班加点才能支撑家庭。但是，她们常常得不到加班费，或者只是付给一部分。此外，她们还要受到来自工头的刁难和责打。因此，女工们要求公平对待，她们还要为增加最低工资而抗争，因为这点收入是她们和她们的家庭赖以生存的保障。

然而，企业主提醒人们注意全球激烈的竞争状况，并且提出了不可能得到满足的要求：女工们不仅应该提供更好的产品质量，而且同时还要领取更低的工资。

嗒，嗒，嗒，嗒……男人握有纺织厂的最终决策权。没有监工的许可，缝纫女工不得站起来。没有许可，她们也不能去洗手间。没有许可，她们甚至不能讲话！“你这个混蛋！”谩骂声响彻大厅。监工的确在折磨她们——他们今天火气特别大。这是为什么呢？

嗒，嗒，嗒，嗒……缝制了数百万个缝儿之后——塔斯丽玛觉得——终于听到了她期盼已久的喊声：“午休——半小时，一秒钟都别想延长！”女工们在整个工厂大楼中四散开来，三五成群地聚坐在一起，边吃边聊。一个传闻从一群人传播到另一群人：这批毛背心必须在今天完工。在此之前，整个三层的工人都不许回家！天哪，塔斯丽玛一边想，一边狼吞虎咽地吃着自己带来的午饭：蔬菜凉米饭。女工们还不得不牺牲部分休息时间，在洗手间前排长队等候，因为她们不知道，下一次是什么时候。

嗒，嗒，嗒，嗒……塔斯丽玛再次坐到了她的工作岗位上。短暂的休息过后，她的体力几乎没有任何恢复。但是她还青春年少，充满活力。她所追求的是：无论如何，她不要像她的妈妈那样——妈妈有八个孩子，而且一直待在家里。妈妈为所有人做饭，并且等所有人都吃饱了，最后才吃些剩饭剩菜。所有家人，包括塔斯丽玛和她的姐妹，没有人能读会写。

在亲戚的帮助下，塔斯丽玛的父母买了一小块地。在这块地上，有她家的茅舍，还有一块由她妈妈照料的小菜园。当然，要是她父母想从事农业劳动的话，就必须向地主租赁土地了，租金是他们一半的收成。为了生存，塔斯丽玛的父亲在季风期间试着去达卡或吉大港找工作——做杂役。

但是，塔斯丽玛不想这样。她想从格拉明银行贷一笔小额款项。格拉明银行是一家只在孟加拉国设有的与众不同的银行，它的借贷利率很低。但是，要想贷款，贷款人必须满足两个条件：家里不允许拥有自己的土地、生意或突突车，而且贷款人必须是女性。格拉明银行很清楚：女性遭受贫穷压迫的情况最厉害，因此，她们能够更精明地支配金钱。而男人常常会在其他男人面前吹嘘，并且立刻支出大部分钱购买毫无意义的东西。

“什么，你又想去洗手间？去偷懒！”监工的喊声传过了通道。

同一天 20 点。正常的工作班次 10～12 个小时已经过去了，塔斯丽玛觉得，她好像已经在缝纫机后坐了好多天了，可是她和

她的同事们仍然不许停工。所以这是真的：这批“3000件为德国生产的毛背心”必须明早完工！

嗒，嗒，嗒，嗒……再缝一个领子！塔斯丽玛已经疲惫不堪，两条手臂沉重得好像灌满了铅一样，一点儿气力都没有了。最重要的是，回想一些美好的事情也已无济于事。她不时地合上困倦的双眼，然后她看到了糟糕的一幕：在她和她的家人还躺在地上睡觉时，洪水从四面八方涌来，冲垮了门和墙！

每年的季风时节，她父母的房子都会被洪水包围，并且一半毁于龙卷风。为了能够快速重建，房屋只用黏土、稻草、竹子和塑料薄膜搭建而成。但去年的情况完全不同，比以往还要糟很多。这次洪水持续的时间特别长——从7月初到9月中旬。河水漫过堤岸，先淹没了地势较低的地区，然后渐渐向四周扩散，最后只有几个孤零零的村庄像小岛一样露出无边无际的水面。不再有公路，也不再有工作，只有有船的人才能到别的地方去。而且，更糟糕的是：虽然四面环水，却缺乏洁净的饮用水，连找个煮饭的地方也变得很困难。村子里的妇女们只得轮流用一个干燥的炉灶做饭。

8月，洪水不仅没有像以往那样退去，反而又上涨了。塔斯丽玛家迅速搭建了一个小平台，大小刚够安置他们全家和一头牛。全家人直到夜里都还醒着，因为水已经侵入了房子，而且黏土墙也全都倒塌了。最终，塔斯丽玛和她的兄弟姐妹只好站着，即使这样，水还是漫过了他们的臀部。清晨，全家只得离开了自家的小屋，去城里的亲戚家借住几周。

他们之所以在这段时期能生存下来，是因为他们贷了款。当然，它相当昂贵：地方的放贷人的利息高达20%——不是以年计算，而是按月计算。塔斯丽玛的父母不得不动用她的部分工资来归还贷款……

嗒，嗒……哎呀！塔斯丽玛吓得立刻跳了起来。她几乎就要刺到手了！当妇女们累得筋疲力尽时，很容易发生被针刺到，或被锋利的切割刀割伤这类的意外事故。对她来说，这是绝对、绝对、绝对不允许发生的，因为自她在纺织厂工作以来，她的家里终于有了一份稳定的收入。也正因为如此，塔斯丽玛无法想象，她会放弃这份工作。虽然这个念头有时在她精疲力竭几近崩溃时闪现过，她还是擦干泪水，想念着自己的家人，继续工作下去。

23点05分。塔斯丽玛和她的同事们已经连续不停地工作16个小时了。今天她只在中午休息过，完成任务情况是：缝制了889件毛背心。塔斯丽玛几个小时前就急着要去洗手间了，但是监工从20点以来就没让人去过。相反，他还一直在谩骂：“你们这群废物，比蜗牛还慢。”

成捆的米色、蓝色和棕色的人造毛料子愈来愈少。但愿这些料

子够用——塔斯丽玛乞求道——否则，我们还要挨打。嗒，嗒，嗒，嗒……

凌晨 1 点 10 分。人造毛料子用光了，裁剪桌上只剩下一些小碎片。领班冲着裁剪工喊道："你们这帮混蛋！你们剪掉得太多了！我要扣你们工资！"

塔斯丽玛忍无可忍。她站起身，在通道中四处寻找可用的人造毛料子。米娜，她的电视中的英雄，在这种情况下将会如何应对呢？然后，她看到了靠在壁龛里的一小捆鲜红色的人造毛料子。"到这儿来！这里还有点儿！"她把这捆料子从角落里拖了出来。

"可这是鲜红色！"裁剪工斥责道。

"那又怎么样呢？肯定会有一些德国人喜欢这种颜色的。"

"穿鲜红色毛背心的男人？"裁剪工疑惑地看着监工。监工耸耸肩，"我无所谓！重要的是，我们大家都马上回家！"

你就用这种鲜红色的料子吧。嗒，嗒，嗒，嗒……眨眼间，11件鲜红色的毛背心就这样产生了。我的毛背心一问世，就和其他毛背心一起被装入了纸箱。这是一个糟糕的夜晚。尽管如此，没有一名缝纫女工会辞职……

第六章

摇摇晃晃的铁皮箱的王国

——开往欧洲的集装箱货船

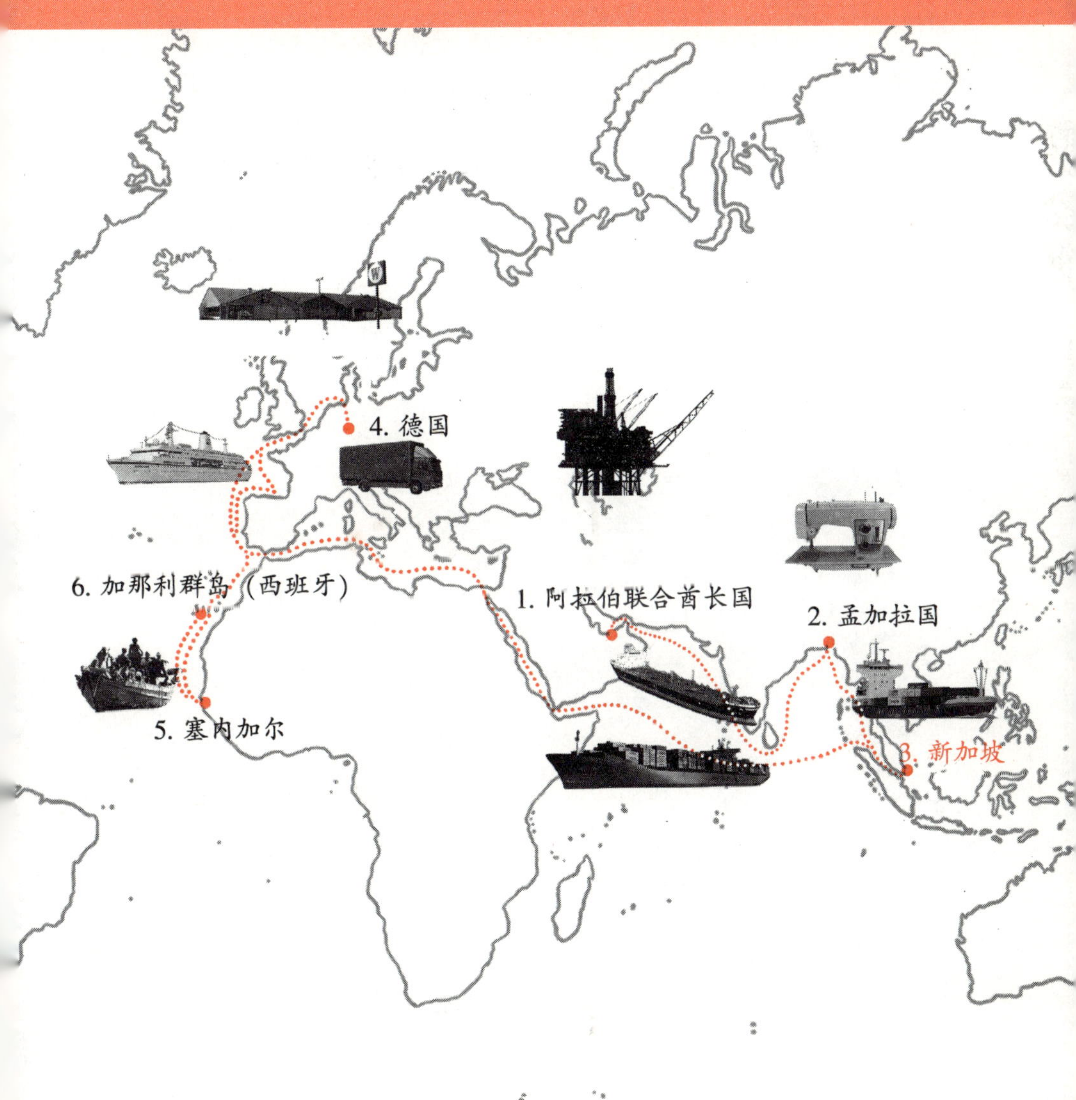

2005年9月16日。近两周来，达卡市郊的纺织厂的院子中，停放着一个红色的巨大集装箱：它长6米，宽和高都是2.3米。

它日复一日地装载着摆得满满的纺织品的纸箱。当然，装满它需要很长一段时间。几千件服装终于装载完毕：除了毛背心外，还有大量的人造毛夹克、运动服和睡衣。这个集装箱的外部已有些凹凸不平，并且锈迹斑斑，它已不眠不休地环游世界八年了。

大约10点钟时，在三个装满人造毛夹克的纸箱填满了集装箱最后的空隙后，八名工人合力才能关上箱门，以便能够锁上关闭装置。

这次工厂主没有让哈桑来运货，因为他的突突车对于集装箱来说实在是太小了。取而代之的是脏兮兮的大卡车。大卡车开往吉大港，在泥泞的公路上，它总是有些倾斜。司机在吉大港卸下了红色的集装箱，这是多日来不曾发生的事。集装箱停放在港口地区，任由最后的季风雨噼里啪啦地落在它身上。

于是就可能出现这样的情况：为了遵守交货日期，女工们日夜辛劳直到昏厥过去——所有人均已连续数日坚守在自己的岗位上。难道集装箱已被遗忘？当然不是，有几个海关人员一直想着

它呢。尽管如此，他们总是能在它的清关文件中找出一些填写不当之处：一会儿说它内容说明得不够确切，第二天又发现它缺少经济部特定的印章。

2005年9月21日。五天前，纺织厂厂主就接到了令人厌烦的电话。今天，他亲自去了港口。他先是空等了一个小时，然后有人向他解释到，他还缺少外交部的一份补充证明。这是一条全新的规定！厂主举手示意，并且请求一位海关人员跟他到门前进行两人密谈。一个小信封易主，厂主去喝茶。他再次回来时，所有文件都已“齐备”。

重要的是，要知道：国际透明组织已把孟加拉国归入世界上最腐败的国家之一。这意味着，如果不向这里的政府官员行贿，他们是不会放手让人通行的。

铁皮箱的胜利进军

集装箱革命大约始于50年前，即1956年。美国人马尔科姆·麦克莱恩产生了一个想法：货物不应一点点地从货车挪到船上或铁路货车上，它们在一开始就应装到一个可以移动的金属箱中。这些尺寸统一的箱子使转载变得更容易，这个想法也得以实行。一个标准集装箱——一个TEU（以长度为20英尺的集装箱为国际计量单位）——在全球范围规格都一样：20英尺，即长为大约6米，宽和高都是2.3米。它的容积大约为30立方米。目前，双标准集装箱已越来越多地被普遍接受：它长约12米。

集装箱在我们的时代"征服了"世界——半数以上的货物是装在集装箱中运往世界各地的。据猜测，全球共有近2000万个集装箱。在2005年，它们运转了约3亿次。可以说，如果没有集装箱就没有全球化——至少发展速度不会这么快。95%的世界贸易是越洋进行的。海运公司用油轮和货轮运输像石油和铁矿石这样的原料，其余货物——商品、配件或预制构件，甚至垃圾和金属废料——都用集装箱。

※ ※ ※ ※

2005年9月22日，起重机吊起集装箱驶往码头。“达卡”号集装箱货轮已在那里靠岸等候了。“达卡”号可装载250个集装箱，因此被称做所谓的“支线船”。支线船是集装箱货轮航行的邮递员：它的船体较小，吃水深度也比集装箱巨轮浅。“达卡”号吃水深度为4.5米，可以驶往上游的亚洲海岸众多的浅水河流。即使在低潮期，它也能驶离吉大港，开往下游位于孟加拉湾的戈尔诺普利河。

“达卡”号驶往南方，并且始终与大陆保持较近的距离。从桥楼上望去，可以清楚地看到海岸上一条长长的白色带子：考克斯·巴扎尔海滩。这个沙滩绵延至130多公里，是世界上最长的海滩。但是，只有极少数游客会因迷路来到这里。到孟加拉国度假？绝对不去。要是听到或是见到“孟加拉国”这个词，在西方人的脑海中，立刻就会浮现出洪水和饥民的画面。

2005年9月25日。全体船员平静地度过了三天：天气一直很好，船上也没有什么意外事件，海岸总是在同一地平线延伸，海岸线后面的某个地方边界在从缅甸向泰国延伸。

尽管如此，船上仍然笼罩着紧张的气氛。离马六甲海峡越近，船长和他的船员就越不平静。这不是一条轻松的航线，特别是对“达卡”号这样的中小货轮来说，因为马六甲海峡是海盗出没的地区。

所有从西（欧洲、非洲、中东、印度）驶向东（中国、菲律宾、日本）的船只都必须经过这个海峡。因为印尼岛链挡住了南中国海的入口，海峡全长约为1000公里，部分地区宽度只有25公里：这就是马六甲海峡。

每年经过这个海峡的商船大约有5万艘，世界上50%的海盗袭击事件都在这里发生。可是，海盗不是只存在于古老的年代吗？当然不是，今天他们不再以帆船和骷髅旗出现，而是驾驶不显眼的渔船和小型快艇，他们的打击迅猛而且血腥。“达卡”号上的全体人员都紧张得出汗了——特别是船长，因为他已经历过一次海盗袭击事件。他左手上的一道小小的伤疤就是那次事件留下的，因为他没有尽快带着用手枪和大砍刀武装起来的海盗去开船上的保险柜。每一艘试图靠近的小船都会导致他心跳加速。

十小时后，他们终于从紧张中解脱了。午夜时分，一幕耀眼的舞台场景突然间呈现在“达卡”号面前。黑暗还笼罩着大地，只有数百束大大小小的光柱在此耸立。直升机的嗒嗒声和没完没了的汽车喇叭声传到了轮船上。炎热的街道上的雨水已经蒸发了，但空气中还飘散着它的味道。这就是独特的新加坡——亚洲大陆最南端的一个城市般的小国。

英国人于250年前创建了这个贸易之城——今天，新加坡是世界上最大的集装箱港口。世界贸易航线相交于此：远东——欧

洲航线，远东——东南亚／中东航线和远东——澳大利亚航线。2005 年，大约有 2000 万个集装箱在此转载，并且每年还以 200 万到 300 万的数字在递增。如果按照一年大约 2300 万个计算的话，即大约每天 6.3 万个集装箱在此转载，这只有在绝对的秩序下才能得以实现。

新加坡本来就是以“井然有序”而闻名于世的。这里禁止把口香糖吐在街道上，吸烟者在过足烟瘾后必须把烟蒂放到指定的玻璃箱中。新加坡的集装箱港口在这个秩序井然的国度中，还拥有自己的规范的“王国”。因此，这里一切进展顺利：大约五小时后，“达卡”号卸载完毕。

※ ※ ※ ※

2005 年 9 月 27 日。装满毛背心的集装箱，在数百个装着其他货物的集装箱之间，只停留了大约 21 个小时。然后，它被起重机吊起放置到巨型货轮之腹。“世界之星”号已在码头靠岸——一艘最新建造的集装箱货轮：它长 312 米，船上采用了最先进的技术，能装载大约 8400 个集装箱。

“达卡”号只需为一个港口运货——这很简单。但是，如果一艘货轮装载 8400 个集装箱，驶经 12 个港口，还必须在每个港口不停地交换部分运载货物，那情况就不同了。

使用尽量简捷的动作装卸集装箱是一种技巧。海运公司中心的工程师沃尔特·史密斯掌握了这种技巧。专家用计算机运算出最佳的堆放方案——即使有完善的软件，这也需几天的时间。船舶工程师菲利普·康纳借助该方案，通过计算机的显示器监控装货和卸货。

在计算机中，集装箱不仅带有其真实的颜色，而且还表明了它的目的地：红色运往吉达（沙特阿拉伯），绿色运往巴塞罗那（西班牙），黄色运往南安普敦（英国），紫色运往鹿特丹（荷兰），蓝色运往汉堡（也就是我们装毛背心的集装箱）。灰色表明是空箱，它几乎只出现在亚欧航线上。此外，装有危险品的集装箱有特殊标记，并且放置在一个特别安全的地方。

装货时，船舶工程师还要格外注意轮船的重量分配问题，因为轮船不允许倾斜。如果左舷或右舷的集装箱太多，为了保持轮船稳定，则必须在它的另一侧填充压舱水箱。

足足 2000 个集装箱的货物必须在新加坡装卸。为此，“世界之星”号有整整 20 个小时的时间。20 小时——1200 分钟，也就是说，每个集装箱的装卸动作只能持续大约半分钟多一点。

驶离新加坡的货轮满载着 8023 个集装箱，它们紧紧排成 19 行，每一行又有 25 个安放位置，在每个安放位置上从底舱到甲板堆放了 15～17 个集装箱。这样的一堆大约高 40 米——如同一座十层楼房。装着毛背心的集装箱，在第四层第 15 列第 12 个安放位置，消失在与它相邻的集装箱之间。

集装箱货轮

2007年，大约有3500艘集装箱货轮在世界航行。同时，还有大约5000艘集装箱货轮在建造或是至少已列入了下一个十年规划。

2005年，世界上最大货轮的容量为8400个标准集装箱。而在2006年，下一艘超大货轮已于船台待命了：“艾玛·马士其”号长397米，容积在1.1万到1.3万个标准集装箱之间。

直到20世纪70年代，欧洲的造船业还处于世界领先地位。然后，日本取代了它。与欧洲相比，日本建造船只的速度更快，费用也更低。20世纪90年代，韩国超过了日本，大多数油轮和集装箱货轮的订单都是由韩国的大型造船厂完成的。但是，下一轮的竞争已经开始了：中国人在此期间尽全力要代替韩国。德国造船厂专门建造短缺产品，譬如支线船和客轮，抑或建造渡轮和集装箱货轮的混合轮。

2005年9月28日，18点30分。“世界之星”号大约只延迟了半小时就驶离了新加坡的装卸场。船上全体水手的所有注意力都须立即集中于观测外部环境，现在他们首先要再次通过马六甲海峡——而且是在夜间。当然，“世界之星”号的船员不必像“达卡”号支线船的船员那样恐惧。

对海盗来说，大型货轮是一个不易捕获的猎物，因为“世界之星”号这样的轮船如同住宅楼一样高，并且它以每小时24～25海里的高速横渡海峡。尽管如此，“世界之星”号也有它的弱点：后甲板。这个露天平台位于船的后方，比其他船壁要低得多。它本来是为了便于港口的补给，但是也使得海盗强行登船更容易了。当一艘可疑的神秘小船在近午夜2点从后面靠近时，船长诺伊博尔特给出了“海盗警报”的信号。八名船员跑到了后甲板，接上了防火用的粗橡皮水管。入侵者一旦登船，他们就会被强烈的喷水柱冲进大海。也许海盗对此已有所预感，也许这只是想与货轮

竞赛的没有恶意的渔民——总之，“世界之星”号安然无恙。

然而，事实是：在东南亚每个月都会呈报五到六起袭击事件。如果海盗成功突袭了一艘200～300米长的轮船，那么他们就会获得丰厚的战利品。有时，他们也会满足于监禁船员和将船上的保险柜洗劫一空。当然，绑匪常常绑架全体船员，索要“赎金”。船只会改名，并将在一个无须提供详细文件的港口卸货。最近通报的“幽灵之船”的名单，警醒地挂在“世界之星”号的控制室。

2005年9月30日。八小时前，货轮已驶离了马六甲海峡并且在西南偏西方向拐弯。海盗的危险已过，但是现在又面临着另一个问题：百无聊赖。因为接下来的大约3000公里航程只需笔直航行，直到印度洋中部。然后，“世界之星”号改变航向驶向红海。

此时是详细解说的好时机。因此，当船长诺伊博尔特在介绍他的船服务于哪些国家时，他先做了一下深呼吸。他的解答如下：“世界之星”号隶属于一家德国海运公司，为一家挪威康采恩航行，总裁是奥地利人，总部坐落于香港。目前，它航行时悬挂的是巴拿马国旗，它的船长是德国人，船舶工程师是英国人，其余的船员都来自菲律宾。“世界之星”号由韩国大宇造船厂建造，现在运载的货物来自中国、印度、泰国、孟加拉国，但是也有澳大利亚为沙特阿拉伯、埃及、西班牙、英国、荷兰、德国和波罗的海地区的市场生产的货物。

2005年10月5日。“世界之星”号驶离沙特阿拉伯的集装箱港口吉达时已延迟了两个小时。船上装载的8400个集装箱，现在还有7923个——正如海员所说，其中的100个已在吉达“解决”了。如果把这7923个集装箱头尾相连放置的话，他们会排成将近长达48公里的一列——这相当于从杜塞尔多夫到科隆的距离。

全球化时代的物流

毛背心和它的原材料抵达它们的目的地汉堡时，刚好经过了大约2.5万公里的航程——这还是相对比较短的。例如：保温瓶的成品到消费者的手中时，其各个部件有可能已环行世界三周了。

大公司的专家不断地考虑这些问题：生产过程还能进一步被分解，使得每个步骤的价格都更低廉吗？哪里的原材料和制造部件价格最低？哪里的劳动力对于产品来说更便宜？

但是，全球化生产成功与否完全要看运输费用。多亏有了集装箱货轮，运输费用现在所占的比例是那么的微小，几乎可以忽略不计。以一瓶澳大利亚出产的葡萄酒为例，它运到欧洲的运费是多少呢？2005年，亚洲——欧洲航线的一个集装箱的运费约为1000欧元。这样一个集装箱可容纳999箱，而每一箱均装有6瓶葡萄酒——也就是说，每瓶葡萄酒的运费平均下来只有16欧分。一件从亚

洲运往欧洲的毛背心的运费甚至比这还要低：只有大约5～10欧分——这取决于集装箱所能装载的密度。

但是，如果石油以后变得越来越短缺的话，那么运费肯定会增加。没有人知道，这种保温瓶的配件环行世界三周仍然有利可图的情况还能持续多久。

虽然集装箱货轮从外观看起来可能很无聊，但是在它们运输的黄色、蓝色和红色的集装箱里，现在却运载着占世界贸易一半以上的货物：从运往欧洲的澳大利亚葡萄酒，到各种各样的电器产品，以及成吨的为欧洲市场生产的纺织品。但是，同时，大搬家公司的集装箱也越来越多。这些集装箱的主人是，把其工作岗位和全部生活都从欧洲转移到亚洲或返程的人们。

船上运的到底是什么货物，“世界之星”号的船员只能根据货物清单预知。但是，这 7923 名“乘客”对他们来说基本上是无关紧要的——只要这些“乘客”保持安静。然而，在第五层第四列的集装箱 C53–786–23–894 出什么事了？红色的液体从内部流出，并且顺着其他层的集装箱上缓缓流淌下来，殷红如血。货物清单所列的是：运往西班牙的兽皮。船员们知道，这些兽皮没有经过任何加工就从屠宰场直接装箱了。它们在接下来的几天里已散发出气味。这说明他们的看法是对的：它们已经可怕地开始发臭了。

货物存放在彩色小集装箱中，与之相反，船员们生活在船尾高高的白色舱房里。位于最上面的舱房 A 是驾驶台和控制室——轮船中枢。舱房 B 是用来满足船员的口腹之欲的：厨房和餐厅安置于此。舱房 C 是其他的公共活动室，如电视房和健身房。舱房 D 和 G 是船员和船长的私人空间。机房位于舱房下面，里边有为轮船综合技术设备提供电力的发电机，以及如同七层楼般高的轮船发动机。它可产生 9.3 万马力——这足够 700 辆小轿车使用。

这个强大的发动机可给轮船提供一些动力储备。这是必需的，因为它也像班车一样——完全遵循轮船时刻表——环游世界半周。在港口的对接地点必须预定相应的时间，并且要对此付费。因此，庞然大物般的货轮，以每小时 26 海里的速度在遥远的海上全速行驶，以此来弥补它的延迟。

对于下一段航程来说，最重要的是准时地行驶通过苏伊士运河。大约 150 年前，运河完全是在沙漠里开凿出来的，因为地中海和红海在此距离最近。运河长 195 公里，河面宽度已经从最初的 52 米扩大到目前的 365 米。尽管如此，巨型集装箱货轮和油轮——其船体是如此之宽，吃水如此之深——今天在这条运河上一直只能单向行驶。

因此，轮船在护航船队的护送下轮流航行。谁要是错过了护航船队，就得在原地等上至少两天，直到对面的船只穿越完运河。但是，“世界之星”号很幸运，它顺利驶过了红海，并且正好赶上了护航船队。

2005 年 10 月 10 日。“世界之星”号在夜间抵达了直布罗陀海峡附近的阿尔赫西拉斯港口。它在此被指定停留的时间是 5 小时，用以卸载 300 个集装箱。只有 10 个新的集装箱装上了船。不过，即使它可以停留更长的时间，也不会有人下船。船长和他的

高级船员必须监控卸载过程，夜间的西班牙对于所有船员来说消费都太高了。乘出租车和在酒吧喝几杯啤酒，就会导致他们的钱包严重缩水。在家里，整个大家庭都靠他们的收入为生呢（月收入为1000～1200欧元）。

令人吃惊的是：船员们不停地环游世界，可是他们并未因此而开阔眼界。他们驶达的所有港口看起来都没什么区别。唯一的慰藉是：每六个月海运公司允许他们乘飞机回家度几天假，看看妻子、孩子和父母。船长和高级船员的待遇稍好一些：他们每三个月就可回家度假一次。

2005年10月12日。“世界之星”号穿过直布罗陀海峡沿着伊比利亚半岛航行后，现在它要横渡比斯开湾方向的英吉利海峡。船上的厨房传来了可怕的消息。菲律宾厨师胡安发现船上只剩可做两餐的甘蓝了。甘蓝、五花肉以及瘦肉香肠是船上最受欢迎的食物。美味的食物和共同进餐——是船长最为重视的，只有这样才能产生良好的团队精神。毕竟船上的22人掌握着这个高科技武装的钢铁庞然大物。集装箱到目前为止也还相安无事——只是到目前为止。因为已收到天气预报，猛烈的暴风雨即将来临。

比斯开湾陷入了秋季第一次严重的暴风雨。船长必须决断，他们是继续航行还是到海港城市寻求庇护之所。他指示：暴风雨到达11级前都保持现在的航线。因此，这个庞然大物仍在狂风巨浪中艰难航行。

在“世界之星”号驶过波涛汹涌的海域之际，集装箱才从呆滞中苏醒过来。船身倾斜时，它们组成了高声尖叫的金属合唱团。但是，它们声音响亮的强弱程度各有不同。集装箱 D42–523–46–743 似乎不喜欢它相邻的集装箱 M53–987–12–853，离开它越来越远。此外，暴风雨还导致冷冻集装箱断电，以致造成货物解冻的危险。海员必须每半个小时巡视一次，并且观察一下，集装箱的状态有多糟糕。最终表明，估计正确：七小时后，暴风雨会渐渐平息。“世界之星”号既完好无损又毫无延迟地安然度过了风暴危机。

难道不存在任何危险吗？当然不是，狂风暴雨一直都有。每周都有两艘商船由于恶劣的天气条件在大洋中沉没，有时是因为巨浪——超过 20 米高的海浪席卷船身而致。

“世界之星”号穿过了英吉利海峡来到了北海。船长站在外面，深嗅着空气。是的，这就是他的家乡，世界上没有任何一个大洋的空气中含有如此多的碘。

最后的航段自然再次狭窄起来。他们必须驾驶巨船向上驶往易北河，并且希望那里没有发生堵塞——集装箱货轮堵塞！

2005 年 10 月 15 日。“世界之星”号缓缓地，然而是持续不断地向上驶往易北河。距离汉堡港还有 110 公里，像“世界之星”

号这样吃水深度大的货轮，只有当涨潮时，北海的海水大量回灌到河水中时才能停靠。落潮时，易北河下游水深只有 13 米——他们会很容易搁浅。

这时，传来了船长很害怕听到的消息：您的停船位置还被占着。他们还必须在此等候多久？两个、三个……五个小时？常常会出现这样的瓶颈。由于其他的船只动作太慢，他们只好吃亏了。海运公司和许多同事都把这种过失归罪于港口：“他们的工作进展太慢了。”

船长诺伊博尔特是位经验丰富的海运专家。他知道，其根本原因在于整个系统的不正常。船东总是要求建造越来越大的轮船。去年，当“世界之星”号下水时，它以装载 8400 个集装箱而一跃成为最大的集装箱货轮。事实上，它对于像汉堡港这类航道狭窄的港口已经过大了。可是，现在海运公司又下了建造更大轮船的订单，它们要容纳 1 万或 1.1 万个集装箱，以便赚取更多的财富：海运公司降低运输费用，从而提出比竞争者更低的报价。尽管如此，他们在这艘巨型轮船上还是赚得更多。

“何处才是尽头？”船长喃喃自语着向易北河远处眺望，那里恰有一群鹤飞掠而过。

第七章

从滞销货到吉祥物

—— 一宗货成了吉祥物

2005年10月18日。汉堡阿尔腾堡集装箱港。随着一下颤动，我们的白色集装箱由巨大的桥式吊车吊起，从成排垛好的集装箱上飘过去。

一批来自孟加拉国的货物，只在欧洲第三大港停留了12小时，就被装上了一辆载重汽车。这辆载重汽车在离开港区时，必须经过海关。早在“世界之星”号停靠在码头之前，这些集装箱数据就已经通过互联网传到那里了。货物清单详细说明了集装箱里所装载的货物。

清单上的说明是否正确，海关官员也只能作抽样检查。否则，全世界的贸易都会被延误。他们对于自己的经验充满了自信。海关现在配备了新的技术设备，不必打开每个集装箱，钻到里边去检查。这些集装箱要经过一台大型高功率的X线设备透视检查。荧屏上会出现彩色图像：各件货物的略图。伦琴射线通过每件物品的效果，会在颜色上显示出来。

海关官员十分清楚，每件货物看起来应该如何：集装箱里真的只是装着纺织品的纸盒吗？或者，在其中间会出现形状和颜色都不一样的物品吗？其他的颜色表示其他的货物。海关官员就这

样发现走私的货物，例如毒品，甚至混进集装箱里的人。

但是，海关还要注意某些货物的进口限额。2005 年，世界纺织品协议期满时，中国的 T 恤衫、袜子和毛衣会首先充满欧洲市场。欧盟紧接着就对从中国进口的这些货物规定了最高限额。海关当局必须对此限额进行监督。

相互反对——世界纺织品协议到期

富有的工业国于 1974 年签订了世界纺织品协议。为了保护本地的纺织公司，从廉价劳动力国家（东欧、印度、中国）进口的衣服被限制在一定的数量之内。然而，世界上最贫穷的国家，例如孟加拉国，不在此限之内。

由于相关国家对此表示反对，那些工业国家——它们甚至把它们的机械、飞机和消费品出口到亚洲——才于 1995 年作罢。

世界纺织品协议于 2004 年底到期。中国的 T 恤衫、裤子、运动鞋和类似的产品，迅速充满欧洲和美国市场。同时，孟加拉国出口的纺织品份额降低了大约 25%。

但是，在我们的集装箱里，海关人员没有发现什么异常的东西，于是就让载重汽车开过去了。汽车通过入口的大门直接驶到7号高速公路的入口处，接着又驶上1号高速公路。很好，司机想，这样就不必在早晨的高峰时段通过汉堡的市区了……

2005年10月19日。居特斯洛附近的2号高速公路旁的W百货公司的货物分发中心。昨天晚上，载重汽车把这个集装箱直接运到了货物分发中心的装卸平台。今晨8时起，两名工人开始卸载这个集装箱。他们来回奔波了七个小时，才把纺织品放到木制货架上或可行驶的货物箱里。购买部门的一个人拿着一张长长的单子总是一再地出现，他在这里数一数，又在那里数一数，在单子上打上钩后再次消失了。在货物分发中心的仓库间，货物都贴上了价格标签。毛背心的标价是9.95欧元，接着它就被放到了低矮的货筐里。

现在，两位女职工埃娜和布里吉特在给各个分店分发来自孟加拉国的纺织品。这时，这两个女人再次谈起了这个令人不愉快的话题：钱——为什么永远也不够。

“怎么可能够呢？”布里吉特问她的同事，“我每小时挣6欧元——这就是说，我一个月的毛收入还不到1000欧元。从中还要扣除工资税、医疗和养老保险，还剩下750欧元，还得用这些钱交房租、电费和燃气费。最后，我一个月就剩下350欧元了。”

“这还用说吗！”她的同事赞同道，“我已经在这儿干了15年了，现在毛收入才刚到1500欧元，我得用这些钱艰难地养活一家三口。但是，让我高兴的是：我们挣得比我的女友多。你想象不到吧？法比娜是一名受过正规培训的理发师，每月从理发馆的老板迪特尔那里却只能得到684欧元。要是顾客不塞给她小费的话……”

这时，一切都分配就绪——只剩下红色的毛背心了。

“喂，埃娜，真的在那儿定了红色的男士毛背心吗？”布里吉特问她的领班。

“红色的男士毛背心？谁想要这种颜色啊？”

她俩笑了起来。

“那么，我们该不该投诉呢？”

“不，我们这样吧：一件分到达姆施塔特，一件分往多特蒙德，两件分给汉诺威的那个分店——赶快！”

※ ※ ※ ※

2005年10月24日，汉诺威南城的W百货商店。毛背心销售很好，新货已于前一天由公司自备的载重汽车运达。今天早晨，一位售货员把这批货作为廉价商品挂在了促销品的衣架上，并且把它们推到百货商店显眼的地方。不到半个小时，第一件就卖出去了……

先售出的是棕色M和L尺码的，接着是米色的。最后卖出去

的是蓝色，M 尺码的。

傍晚来临前，我走进了百货商店，因为我在书房里需要穿一件既保暖又便宜的衣服。常常有人问我："您从事什么职业？"于是，我回答道："我是记者兼作者。"这听起来特别顺耳——但是，自由作者在我国也未必就属于富有者。因此，毫不奇怪，物美价廉的毛背心马上就引起了我的注意——然而，适合我的尺码已卖完了。其他购买廉价商品的人赶上了好时机，把毛背心买到手了。

我第一次看到 M 号的红色毛背心时，立刻就把它推到一旁去了。即使在我下一次逛 W 百货商店时，也不会对那件红色的毛背心感兴趣。

2005 年 11 月 14 日。两个星期的促销之后，毛背心已经所剩不多：超大号 XL 和 XXL 有蓝色和米色的，M 和 L 尺码的只剩下鲜红色的了。

今天早晨，分店经理在他的店里巡视。冬季大衣成了真正的畅销货——只剩下几件超大号的了。现在，最后的几件毛背心显得很刺眼。

这货要砸到手里了，分店经理想。说到砸到手里，这货到底是谁订购的呢？他朝着一名女售货员走去："您把最后几件毛背心的价格降下来——那就降到八欧元吧。"

就在当天，我看见了这个报价——第二天早上，我悄悄地买了一件回来。

2006年1月12日。早饭后，我理所当然地穿上自己的毛背心走进我的书房。我年末就该完成的这本书，还远未结束：我还必须把出版社所希望的变动插到书中去。我一边整理文章，一边用左手抚摩着自己的新背心。我对它十分满意——至于它看起来如何，那就无关紧要了，反正我书房里也没有镜子。只是我去厕所，或者去客厅的书架前取书的时候，我的女友可能会忍不住挖苦我几句。那好吧，一切都只不过是个习惯问题。两三个星期之后，这就会平息下来……

2006年6月24日。今年夏天全世界都要来德国做客：世界杯足球赛。来自非洲和南美洲的足球迷会相当吃惊，这里的一切都是多么干净，火车和公共汽车是多么准时。庆祝时大家都和睦相处，比赛也基本上进行得相当公正。对我来说，这个极其欢乐的节日是一个名副其实的挑战，因为我正忙着写一本新书，同时，我还想尽可能地多参与一些有关世界杯足球赛的活动。

此外，这其间，毛背心挂在我办公椅子的椅背上。世界杯足球赛时，我穿另一件护身符：我的多特蒙德足球队的黄黑队服，这件衣服是我年轻时得到的一件礼物。

今天是德国对阵瑞典。因此，计算机右侧放了一台小的黑白电视机。遗憾的是，荧屏上的足球很难辨认。今天，与意大利队的比赛就成了我的灾难。我坐在电脑和小电视机前——试图同时看两个。这时赛况是这样的：德国队进攻——但是，我看不见，是否施魏因斯泰格或者克洛泽在带球——进攻者打门——我认为球进了——我高高跳起，我的手臂碰翻了红葡萄酒瓶，我身后的这瓶酒从昨天晚上就放在架子上。剩余的葡萄酒洒在了我的背心上——德国队也没有射门！

就这样，一大块污渍落到了我的背心上，怎么洗也洗不掉。于是，我就随便在衣橱中找了个空地儿把背心先挂上了。

2006年9月28日。最近几周，工作进展得并不像我所想象的那么快，我总是因各种可能性一再地让自己分散注意力。为什么我的工作不能顺利进行呢？这种情况是从什么时候开始的呢？对于第二个问题，我可以给出一个明确的答复：就是从我把毛背心挂到衣橱里那天开始的！我并不迷信。尽管如此，我仍然把毛背心从那里取了出来，反正试一试总是值得的。果然，工作起来比刚才顺手了，到傍晚时，我在计算机上完成了近半章。

顺便我又想到了一个新的题材：一本有关全球化的书，不是为了成年人而撰写，而是为了青少年而创作。用毛背心来做题材或许的确只是一个幻想，然而是一个十分切合实际的幻想。

2007年4月15日。嗒嗒！电脑上显示：出版社的答复。他们想出版我的关于全球化的书。

我拿了一张纸，写上这个问题：具体来讲，什么是全球化？其实，每个人都知道，我们在谈论全球化时，首先想到的就是：许多工作岗位都转移到便宜的地方去了，先是去了东欧，然后远赴远东。世界贸易也没有带来公正的利益分配，而是导致交通流量增加，环境污染加剧。

然而，除了这些不足之外，全球化也还有些益处：它带来了许多新的工作岗位——恰好也是在至今还不发达的国家。同时，作为消费者，我们也从中得到了好处，许多商品由于世界性的竞争变得越来越便宜。创意、金钱、商品和人类在围绕着地球转动……很难说清楚，什么是有意义的，什么是无意义的。

2007年5月16日。每个工作日都以某种程序开始。我准备早餐时，把前一天没写完的文段放在旁边。我迅速穿上毛背心。多数情况下，吃早饭时，我就构思好了不错的续篇。甚至，连全球化故事的准备工作也进展得很顺利。

虽然我们去年没有成为世界足球冠军，但是我发现：不仅在机械制造，而且在很多不知名的领域，我们的经济都是不可战胜的。例如，在孟加拉国生产的纺织品所有的纽扣都是从哪儿来的？

大部分来自比勒费尔德。因为德国纽扣联盟在这个短缺的商品市场中是世界市场的领头羊。经济学教授赫尔曼·西蒙把这些企业称为“隐藏的冠军”。它们的隐藏源于两个理由：它们大多都不是跨国企业，而是一些不过只有数百名职工的中等企业；它们几乎不在媒体上露面。

它们常常在我们不感兴趣的领域中工作：世界上谁制造的卷烟机最多？是汉堡的科贝尔股份公司。谁制造了像汉堡港那样的80%的桥式起重机？是莱比锡的基洛夫公司。谁提供的购物车最多？是莱普海姆的旺众公司。而最多和最大的风力发电机组则来自奥里希的恩尔库公司。这位经济学家至今找到了 1316 家这样的“冠军”——他几乎每天都能发现一家新公司。

德国——全球化的输家还是赢家？

德国既是全球化的赢家，又是全球化的输家。这是怎么回事呢？

德国在过去25年里失去了许多工作岗位，这是事实。这首先出现在煤钢工业，其次也发生在所谓的制造业。例如，属于此范围内的有：制造电子产品的工厂和生产纺织品的工厂。

因此，企业主采取了严格措施来对付这种状况：为了应付国际间的竞争，一些工作岗位给裁掉了，工资要么冻结了，要么缩减了。

其间，工作岗位大规模外流的现象止住了。德国再次被看做具有吸引力的所在地：人们在这里工作首先有一种安全感。

一般来说，德国人是富有的。他们总共占有5.4万亿财产，或者我们这样来理解这个数字：5400万×10万欧元。这样，我们当中的每个人就具有8.1万欧元——如果

这些财富平均分摊的话。

然而，实际上是，10%的人口占有60%的财富；40%的人口拥有其余40%的财富；剩下的50%的人口则一无所有，或者负债。

谁有钱，谁就可以投资，就可以参与资本的全球化：譬如，他可以购进企业的股份，或是购进各个项目的股份(风力发电机组或者集装箱船)。谁是穷光蛋，谁就不得不凭着缩水的薪水勉强度日。全球化使我们的社会贫富差距越来越大，就像剪刀差（注）一样。

有些人在全球化的进程中既是赢家又是输家。作为雇员，他们必须越来越艰辛地苦干，尽管如此，他们也不多挣一分钱。但是，作为投资者，他们因参与全球化而赢利不菲。

注：剪刀差是发达国家在国际贸易中的一种重要交换手段。它是指发达国家利用垄断地位控制发展中国家的对外贸易，一方面压低发展中国家生产的初级产品的世界市场价格，另一方面又提高发达国家生产的工业制成品的世界市场价格。如果把这一现象用图表示出来，就像一把张开的剪刀。发达国家通过这种交换手段，可以赢得高额利润。

2007年7月23日。自6月以来，再穿毛背心就太热了。因此，它一直挂在椅背上。我就坐在这把椅子上，为我的全球化的书收集资料。

通常来说，全球化没有外在形式，因为它只是一个神不知鬼不觉的过程。然而，今年夏天这种情况却改变了：在波罗的海岸边的海利根达姆举行八国首脑会议。世界上最重要的八个国家的首脑集聚在那里，相互协调其政治经济利益。这些国家的首要目标是推动全球化。

但是，他们“口是心非”。WTO（世界贸易组织）也这样说，这个组织是由联合国设立的全球化的中立仲裁机构。这个仲裁机构现在必须查明，那些富裕的工业国在耍两面派手法。一方面，他们竭力试图减少穷国的贸易限制；而另一方面，他们为了保护本国的利益又严格地设立了这些限制。

例如，美国继续给予其本国许多的生产者大量补贴，例如棉花农场主。这样，他们可以把比来自非洲或亚洲的农场主便宜得多的棉花提供给世界市场。同时，他们把来自非洲或亚洲的进口货物的关税征收范围提高到3/4，以便与本国产品相比抬高其价格。甚至连欧盟也给予很多生产者财政上的补贴（例如，农民和渔民），同时也给予了工业财政上的补贴。

2007年9月2日。由于我总是有把毛背心放在手边的习惯，

所以就产生了无法挽回的后果：大约只过了一年半，它看起来就已经很破旧了，除了那块葡萄酒污渍之外，上面又多了几处难看的地方。这对我来说根本就无所谓——可是我的女朋友难以忍受。当她神情烦躁地下班回来时，我听不见她和我打招呼，却常常听她说："我和你说过一千遍了：我不想再看见你穿着这件肮脏的毛背心！"

"为什么？"

"因为污渍怎么也洗不掉了！"

"可是污渍不会打搅任何人。"

"我给你买件新的吧。现在它根本就不贵……"

确实如此。这些东西越来越快地被我们淘汰：譬如说，坏了的家用电器。修理？至少和买新的一样贵。手机或者计算机两年后技术就过时了。那么，染有污渍或者太过瘦小的衣服呢？今天，谁还会缝补？除此之外，有污渍的衣服看起来也实在是不雅。因为许多衣服由于全球化变得越来越便宜，所以人们不断添置新衣。

但是，我没有丢弃我的吉祥物。

※ ※ ※ ※

2007年11月9日。傍晚时分，我结束了一日游回到家里，坐到电视机前，顺手去拿毛背心——可是什么也没拿到。它不在那儿了。那好吧，兴许我把它放在厨房了。没有！或者放在客厅了？没有。毛背心也不在浴室！我渐渐地感到有些惊慌失措。

“亲爱的，你看见我的毛背心了吗？”

“啊，那件毛背心，那些污渍好久就已经去不掉了。我把它拿到旧衣服集装箱那儿去了。反正我得从那儿经过……”

“我的毛背心？！”

“是呀，我们不是已经说好了吗，再给你买一件新的。”

说好了？根本就没说好，她只是提了一下。

“无论如何，我本来还打算剪下一角作为吉祥物的。”

“对。可是，那样一来就谁也不再需要它了——上面有一个洞。”

我没时间和她争吵。

“你去过莫尔特克广场上的集装箱那儿了？”

“你问这干什么？你不是想去……”

但是，我已经动身了。

我骑着自行车匆匆忙忙赶往旧衣服集中箱那里。这是一个巨大的褐色箱子，上面带有慈善机构的标志，没准儿我可以把我们的塑料袋抽出来。但是，前边停着一辆载重汽车，三个男人正在给装衣服的袋子分门别类。他们根本就不属于慈善机构。

而且，现在我还能回想起来不久前读过的一篇相关文章。慈善机构不再自己设置集装箱，他们把集装箱出租给公司，由这些公司来专门销售这些二手衣服。我问这几个人，他们为哪家公司工作。其中一人很生气地斥责我说：“这跟您毫不相干！”

“那就多谢了！”我答道。说着，我转身朝我的自行车走去，

但是停留在可见的距离之内。我不能就这么轻易地被吓倒。

许多人会想：我把自己的二手衣服交给旧衣服收集站是正确的，这样，他们还可以去做善事。他们真的会这样做吗？集装箱上面写着的慈善机构，只是为了一点点租金就把该名称租借出去了——该组织与衣服没有更多的关系。那么，究竟是谁在暗中策划做我们二手衣服的生意这件事呢？我对此很感兴趣，并且在想，自己是否敢于追查此事。

但是，带着自行车，我没什么机会。因此，我骑车回家，搜寻纺织品再利用公司。恰好在黄页上，我发现了——这确实很简单。因此，我还可以投入一些时间，寻找这家公司。

我骑着自行车驶向位于城市边缘的中小企业区。入口处安装着栅栏，大门的后边有一个很大的院子。院子里停放着卡车和集装箱。我下了车，喊一位工人过来，询问他们的上司是谁。

海纳·舒尔茨向我走过来，问我找人还是找东西。我给他讲述我的故事。“很遗憾，您不能进去！如果我让您进院子里去的话，您知道，三个星期后这里会发生什么事吗？”因此，我拿出了我的最后一招。我掏出了我的记者证，并说我要写一本纺织品再利用的书。结果表明，海纳·舒尔茨是一个大好人，他很坦率地讲述了有关他的企业和整个行业的情况。

我们穿过院子跑进了一个大车间。这里堆满了衣服、床上用

品和一捆捆料子，不再有慈善机构的痕迹。

“开始时，我还以为您在找工作！因为眼下我们人手太少。运往非洲的两个集装箱和运往白俄罗斯的一个集装箱已经到期。”

“很遗憾，”我回答，“但是，如果报纸对这则故事不感兴趣的话，也许我会回来接受您提供的职位。”

回收再利用的纺织品生意做得很专业：将旧衣服卸车，打开包装，然后在车间里分类。有四十多名工人在那里工作，他们面前堆着一大堆还未分类的衣服。他们得从早干到晚，拿起一件又一件，看看成色如何，然后丢进围着他们的十个筐车中的一个。

质量分为三等：保存良好的衣服拿去清洗，放到当地的二手货商店去卖；还可以穿的衣服同样拿去清洗，交给批发商在世界各地继续出售；不能穿的破旧衣服，就成了造纸的原料。

此外，还有作为第三等的衣服发往各个不同的地区：首先，为非洲收集的是衬衫、T恤衫、裤子、童装和家庭用的织物。而为东欧收集的自然是暖和的针织品，比如大衣、毛线衣和厚裤子。“那么，对您来说这是一桩不错的生意，对吧?”为了引出他的话题，我向公司经理问道。

“大家都这么想！除了付给慈善机构的费用外，我们实际上白白得到这些衣服——因此，这肯定该是一桩好生意。这好生意也曾有过一次，不过那是多年前的事了！但是，今天选出的衣服至少一半应该适合出口——否则，整个生意就不划算了。”

“这到底是为什么呢?”

“这是因为不仅竞争很激烈，而且人工费用也非常高。指定的集装箱必须定期清空，特别是把旧衣服分类就更需要人手，因为这不可能由机器来完成……”

我对这次谈话非常投入，没有注意到那些分拣工人。因此，当那位处在最左边的分拣工把我的红色毛背心从大堆衣服里抽出来的时候，我竟然没有发现。她近距离端详那件毛背心时，我们的谈话分散了她的注意力。

“……对欧洲许多纺织品的回收者来说，这实在太贵了。”

“那他们怎么办呢?”

“哦，他们把所有的衣服一股脑儿地塞进集装箱运往迪拜。那里，有来自印度、巴基斯坦、印度尼西亚和非洲的外籍工人为每个月 300 美元的薪酬而工作。”

“那么，这样能降低费用吗?”

“在那儿，他们支付的工资通常连欧洲的 1/5还不到。”

因为分拣工正在倾听我们的谈话，她忽略了我的毛背心上的污渍，因而它作为彩色衣服再次被放进了准备运往非洲的筐车。

两个小时后，我踏上了回家的路。我的毛背心和其他赴境外的大约 50 件衣服进了压力机。压力机把这些衣服压成捆，用塑料布把它们捆包好，再用结实的包装带子将其捆紧。这捆衣服不大，

但是很沉。人们用双轮运袋车把它推到停放在院子里的一个集装箱那里去。工人们用了两天时间才把纺织品挑选完打成捆，并且最终总算把一个运往非洲的集装箱装满了。

11月 10 日清晨，一辆载重汽车倒进了公司的院子里。叉式装卸机把集装箱放到卡车上，于是，载重车开走了。要是毛背心在旅途中待在靠窗子的位置的话，那么它现在会喊道：嗨，我认识这段路！

载重汽车沿着高速公路开往北方，驶向汉堡港。

第八章

渔业掠夺和人口走私

——毛背心走向西非

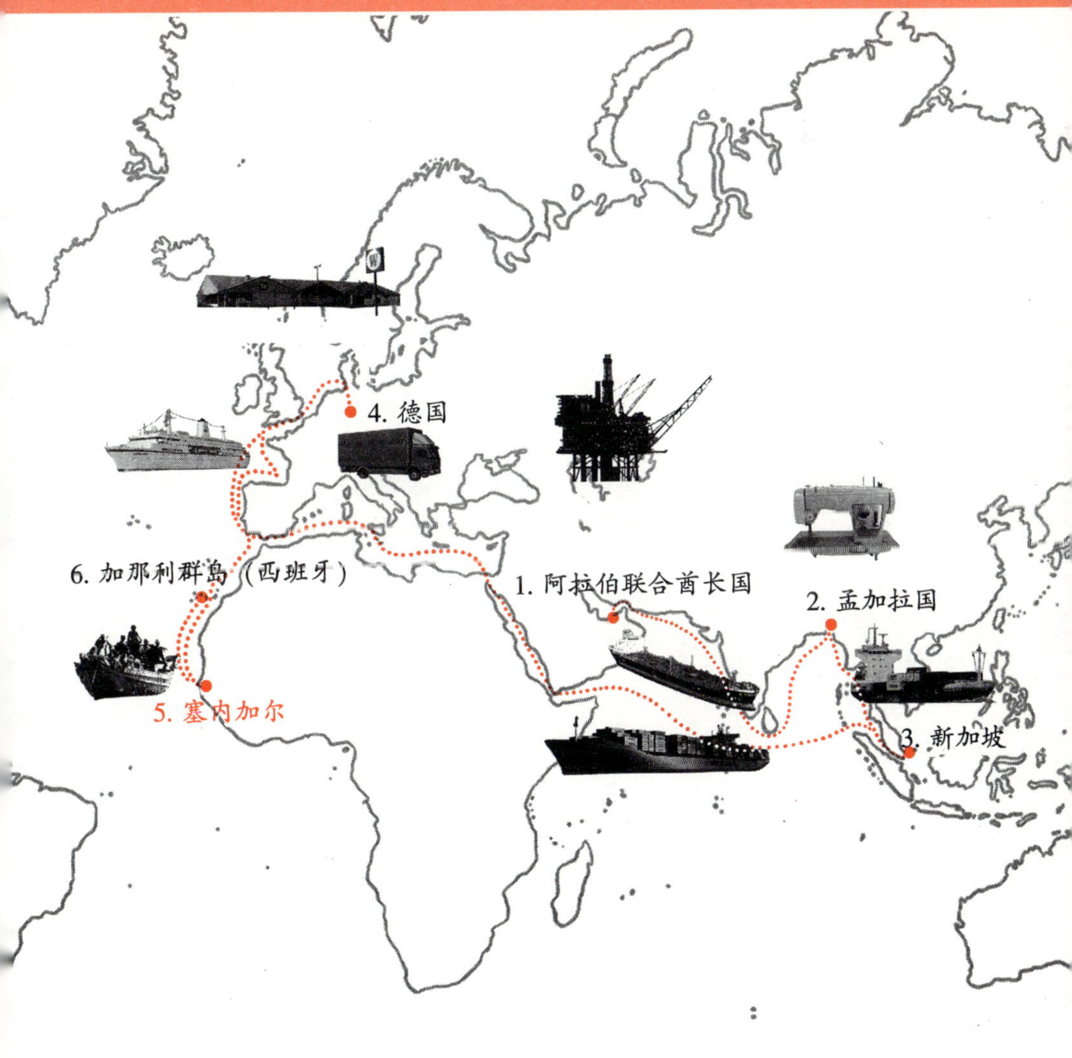

2007年11月13日，汉堡集装箱港口。当维尔弗里德·赫尔曼——装卸场吊车司机，把装旧衣服的集装箱吊起来的时候，连车带人突然短暂而有力地动了一下。他在这个地方工作了四天——比吊运其他大多数集装箱所需的时间都要长。有些大集装箱货轮这时已经在码头停靠——但是，它们很快都离港驶向了亚洲或者是美洲。驶往西非的船舶每周只有一艘到两艘耸立在大海上。

现在，集装箱已经消失在“汉诺威”号——一艘客货混装船——的“肚子”里。它定期航行在西非航线上（加那利群岛、达喀尔、拉各斯和开普敦）。维尔弗里德·赫尔曼此前已从船上卸下了若干集装箱。这时，他再次发现了与亚洲货轮的明显区别：驶往亚洲方向的货船所装的集装箱，空的比满的多。开往非洲方向的货轮恰恰相反：去时大多数集装箱都是满的，而返回时则大多数是空的——这种迹象表明，非洲，除了有少量石油和原材料的储藏之外，在我们今天的全球化世界中，起不了什么大作用。

将近黄昏时分，“汉诺威”号起航了。这时，它沿易北河而下，驶往库克斯港，穿过北海和英吉利海峡，然后再沿着西欧大西洋海岸向南航行。

2007年11月14日。当“汉诺威”号通过英吉利海峡时，轮机长卡尔·哈特曼拿着望远镜悄悄来到甲板上，并且在海面上搜寻着什么。卡尔是一位“鸭子猎人”——这是某些海员的业余爱好：寻找退了色的漂浮物。

整个事件是这样的：1992年1月，在一次风暴中，一艘货轮在太平洋上丢失了一些集装箱。其中一个裂开了，2.9万只塑料鸭子、乌龟和青蛙慢慢地漂浮到水面上。其中的大部分漂向了南方，并且在印度尼西亚和南美海岸搁浅。但是，大约1万只鸭子和青蛙向北，通过白令海进入了北极水域。然后，1995年左右，它们被冻结在了冰层里。大约六年后，它们又在格陵兰融化，并且漂浮到了大西洋中间。这时，它们卷入了墨西哥暖流，漂往大不列颠和伊比利亚半岛。

这些不会下沉的塑料动物，由于阳光和盐水的缘故已经退色。不过，若是人们把它们拿到手里，凭借印刷字样“适合于×岁的儿童”仍可将其辨认出来。谁找到一只，谁就告知美国的海洋研究者柯蒂斯·埃贝斯迈尔。对他来说，这些鸭子是讲述很多海流路线的免费浮标。柯蒂斯·埃贝斯迈尔特别为海滨拾物设立了一个网页：http://beachcombersalert.org/RubberDuckies.html，该网页不仅报道塑料鸭子，而且还报道漂泊到岸上的体操鞋、玻璃球、古怪可笑的木制玩偶和神秘的象鸟蛋。

2007年11月16日。“汉诺威”号十小时前离开了西班牙北部港口城市毕尔巴鄂。一些前往加那利群岛的旅客和集装箱来到了船上。这艘船先是与伊比利亚半岛海岸平行向南行驶，现在正位于直布罗陀海峡的纬度上。

这个大约60公里长的海峡把地中海与大西洋连接起来。若是天空晴朗时，人们可以从船上看见，非洲大陆离欧洲的直布罗陀海峡的岩石有多么近——欧洲和非洲在那里只相距14公里。否则，在我们这个星球上，没有任何一个地方，会使一个如此富有的世界和一个如此贫穷的世界相距如此之近。风和日丽时，人们可以从摩洛哥海岸看到欧洲：对很多非洲人来说，那里是梦寐以求的天堂。

但是，今天这一切都消失在云雾中了。因此，乘客也根本没有发现，现在这艘船驶入了偏西南的航线，正朝着大加那利群岛的拉斯帕尔马斯——加那利群岛的首府——航行。从地理位置来看，加那利群岛属于非洲，而不是欧洲。但是，在近500年的进程中，有那么多西班牙人在该群岛上定居，使得该群岛早已成为欧洲的洲外之地。这是一块颇具吸引力的洲外之地：以前，所有船只在横渡大西洋驶向美洲之前，都要先在这里停泊一下。今天，该群岛给游客提供了一块具有非洲气候的“欧洲之地”。这里终年都是阳光普照。

2007年11月18日。“汉诺威”号驶离了拉斯帕尔马斯，进入了东南航线，其航向是达喀尔——塞内加尔首都。

塑料鸭子，卡尔在这次旅途中一只也没有发现。但是，这位执勤的高级船员下午在地平线上看见了一个另类的“玩具”——危险的玩具。“坚果壳”，这是船员们对木制渔船的称呼。非洲的偷渡者想乘这类小船横渡浩瀚的大海驶往加那利群岛。这位高级船员把这则新消息告知了船长。

对于穿越偷渡路线的轮船船长来说，这种相遇是一件颇为复杂的事情。船长不仅有义务帮助海上遇难人员，而且想帮助拯救他们的生命。但是，如果他这样做，那就非常有可能引起各方面的不满：偷渡者是需要帮助呢，还是最好不受到他人的打扰呢？他要是在公海上把他们救上船，就会出现这样的问题：他在哪儿把他们交出去呢？在这样的情况下，没有任何一个国家有义务收留他们。有不少船长都在老调重弹：我们的船带着这些哪儿都不欢迎的偷渡者在海上到处瞎跑，迷路了。随后，如果偷渡者在一个他们不想去的国家下了船，那他们就会异常气愤。而船长的海运公司，对于因中断航行而带来的数十万欧元的损失，当然不会感到高兴。

船长来到指挥台时，小船已经不在望远镜的视野之内。对于无线电的呼喊，偷渡者也未作任何反应。但是，他在雷达上可以看到，他们在顺利前行，径直向加那利群岛驶去，看不出有什么海难会发生。船长轻松地吸了一口气，命令道："保持航线!"

2007年11月20日。"汉诺威"号抵达了塞内加尔海岸。一条狭长的地带像鼻子一样向海域内延伸并凸起。首都达喀尔与其郊区、国际机场和一个设有海滨旅馆的渔村，一起朝着这条狭长地带最外边的末端延伸。

海湾中，就在通往达喀尔港的航线旁，坐落着那座只有1000米长的岛屿——戈雷岛。它因作为"奴隶岛"而臭名昭著，并且被联合国教科文组织命名为"世界文化遗产"。想当年，奴隶就是从这里运往海外的。戈雷岛上的每寸土地都被开垦了——然而，从远处就可以辨认出来的该岛屿的中心，依旧还是那座"奴隶之屋"。它是一座圆形建筑物，表面涂有玫瑰色。从海上望过去，墙上有一个小洞，该洞被称为"有去无回门"。因为从那儿被领走的非洲人，再未见过他们的故乡。在小屋里关上几周后，他们就像畜生一样被塞进大帆船的货舱里。那些奴隶贩子毫无怜悯之心，从未顾及他们中的许多人在途中会因染病或饥渴而亡。但是，南美洲和加勒比海的蔗糖和烟草种植业，需要即使在炎热的天气情况下也能像牛马一样干活的劳动力。因此，在15—19世纪之间，几乎有1000万～5000万非洲人被运走。这就是近代史上的第一次，也是最残酷的一次全球化的浪潮。

※ ※ ※ ※

塞内加尔：穷国，富国

塞内加尔，像许多西非国家一样，是相当贫困的。这首先是由于人口的迅速增长，人口数量在最近20年增长了一倍。因此，在大约1200万塞内加尔人当中，大多数人的年龄还不到20岁。其中有2/3的人，是既不会读又不会写的文盲。由于营养不良和医疗条件差，男人的平均寿命只有55岁，女人的平均寿命只有57岁。

塞内加尔位于所谓的撒哈拉沙漠以南干旱地区，即撒哈拉和中非热带雨林之间的过渡地带。该国的大部分地区是干旱的热带稀树草原——只有16%的国土面积是肥沃的，这部分土地利用得也不错。虽然2/3以上的劳动力都从事农业，但是连塞内加尔所需食品的一半都生产不出来。

为什么会是这样呢？塞内加尔曾作为法国的殖民地几乎长达300年之久，直到1960年才独立。正如大多数非洲国家一样，塞内加尔在殖民时代也被迫只种植个别农

作物。在塞内加尔，人们首先种植的是，当今仍然在大规模种植的是花生和棉花。但是，最近几十年来，这些农作物在世界市场上的价格急剧下降，因为美国给予其本国的棉农和花生农大量的财政补贴。（欧盟在其他农产品方面对其农民的政策也效仿美国。）因此，塞内加尔的农业生产总值只占国家财富的20%。

因为农村处处贫穷落后，前景黯淡，所以人们向城市迁移。现在，半数以上的塞内加尔人都生活在城市。因为连那里也缺少劳动力，所以大多数人都有事可做，例如从事食品、彩票、日用品、旅游纪念品等行业，或者干脆就卖纺织品。

但是，这里也有亮点：塞内加尔有全西非建造得最好的公路网络。达喀尔的港口是西非第二大港口，也是西非最现代化的港口之一。目前，在达喀尔周围，蔗糖、植物油、渔业以及纺织品加工等产业都在蓬勃发展。

2007年11月21日，达喀尔港。一辆吊车把40～50个集装箱卸到港口码头上。与汉堡和新加坡的集装箱港口相比，这里的集装箱管理情况要混乱一些。集装箱的装卸在这里没有进行很好的规划，一辆吊车吊起一个集装箱后，随便找个空地就把它放下了。

常常听到人们这样说：穷国因全球化而备受剥削——首当其冲的是非洲国家。因此，大多数人都在想：非洲人被掠夺了大量的物资。例如19世纪和20世纪早期，非洲是原材料、调料和各种各样的异国风味产品的最大供应地，并且工业大国在那里争夺殖民地。若是如此，今天应当装上很多装满的集装箱，并且把它们运到富国去。但是，此时的情况恰恰相反：数十个装满的集装箱从船上卸下，而只有很少几个装满的集装箱被运走。有时候，甚至不得不把空集装箱装到船上，来解决集装箱的拥堵现象。这难道是剥削吗？

是的。这种剥削正好与卸下来的许多货物有关。这些货物不仅仅是来自欧洲的旧衣服，而且在码头上还堆放着数以百辆的破旧汽车。这是偶然的吗？不，整船的报废汽车从欧洲运到了非洲。但是，同时还卸下了整集装箱的食品。例如，来自荷兰的洋葱、德国的牛肉……

所有这一切货物均来自富国，并且完成了漫长的旅行。尽管如此，现在这些货物在塞内加尔市场上出售的价格，仍然远远低于塞内加尔本国产品的价格。塞内加尔人当然要购买这些货物，因为它们价格低廉，这样就使得当地农民几乎挣不到什么钱。因为所有这些食品都由欧盟的纳税人给予了大量的补贴，也就是说，从欧盟的税款当中，欧洲农民的每个葱头或每升牛奶都得到了一笔小小的款项。所以，货物后来才能如此便宜地在非洲出售。

在港口的入口处，旧衣服集装箱的接收人已经在等待：穆斯塔法已经通过来自汉堡的传真接收到了货船的文件，并且立刻取来了进口批文。所有证件，他都备齐了。然而，港口管理人员对他说："很遗憾，你的集装箱没有同时到达。"

穆斯塔法失望地朝着卡车走去，这辆卡车是他为了组织这次运输而雇用的。他告诉司机继续等候。然后，他回到自己的办公室，给汉堡打电话。那是一个白色的……

2007年 11 月 22 日。一大早，穆斯塔法就去寻找，仔细查看每个白色集装箱的标志。半小时后，在炎热中，他找到了自己的集装箱。他回到办公室。但是，在那儿，人们干脆说，他的集装箱的标志并不在船载货物的名单之列。

经过长时间的乞求之后，一位官员和穆斯塔法一起去场地看那个集装箱："我的老天爷！这简直是在变魔术！那个集装箱确实就停在那儿！"

这位官员在思考，他现在该怎么办。刚才找到集装箱的兴奋变成了不知所措。集装箱本来根本就不应该在这儿，因为它不在

货单上。这时，他必须和他的同事先商量一下。30分钟后有了结果："这是一个很严重的问题。我们必须询问一下贸易部。"穆斯塔法吃尽了苦头，他妥协了。他与一位海关人员走到一个僻静的角落。在那儿，他们激烈地讨论着——一而再、再而三地举起手臂，发出叹息。这些做法，我们早就从孟加拉国那里了解到了……

他们终于回来了。现在，一切都顺理成章了。货单的问题不再那么重要。明天，那个集装箱就将出现在货单上。两小时后，集装箱就将由吊车吊到卡车上，卡车从昨天起就已在此等候装货了。

现在，穆斯塔法和司机终于可以出发了——但是，车打不着火。穆斯塔法看看司机，司机耸耸肩："昨天我还开车来着!"一位陌生人朝驾驶室里看："我去取汽油好吗？我有自行车，一眨眼的工夫就回来了!"

司机借故躲开他。他拿了一把锤子，走下车，打开发动机护罩，几个男人一下子就把载重汽车给围起来了。如果人们不是恰好在撒哈拉迷路的话，那他在非洲就永远也不会是一个人。这几个男人提建议、开玩笑，他们都在等待可以以任何方式帮忙的那一刻。这样，他们可以挣几个西非法郎（西非法郎是非洲金融共同体法郎的缩写）。当然，他们更愿意得到欧元。司机在发动机上敲敲这儿，敲敲那儿，拉一拉活塞环，骂声越来越大。

“我去取汽油好吗?”

“快去!”

半小时后证实：油箱确实空了。由于天气炎热，司机曾打开了空调。现在必须先把汽油搞来。三个人围着空汽油桶吵来吵去，其中一人胜出，他让自己一个骑自行车的朋友去附近的一个加油站。一刻钟后，油桶来了，于是油加满了。

现在，卡车终于上路了——横穿过首都，当然速度很慢。这不仅是因为这儿的路上有那么多的小轿车、公共汽车和载重汽车，而且还有自行车、轻型摩托车和众多的行人堵塞了街道。因而，我们有时间观望一下达喀尔这座城市：

达喀尔有大约200万人口——同汉堡的人口一样多。但是，城市布局完全杂乱无章：高楼大厦旁边是黏土小屋，漂亮的旅馆、酒吧和商店旁边是由胶合板和波纹白铁皮搭建的简陋小屋。楼宇之间拥挤着数以千计的彩色圆点：塞内加尔人虽然相当贫穷，但是这里喧闹嘈杂、轻松愉快，而且色彩斑斓。塞内加尔人热爱音乐，音乐声响彻街道上空：这里是加勒比海音乐，那里是莎莎舞节奏（注)。但是，首先是一种非洲的由乡村爵士乐和流行音乐混

注：作为一个流行时尚，一种有别于国标拉丁舞的舞蹈，社交拉丁舞正被都市人深深喜爱着。它保持了拉丁舞抖肩、旋转、扭胯等基本动作特征，跟国际拉丁舞相比，热情有过之而无不及。人们之所以非常喜欢，有个很重要的原因就是：每个人都可以在这种节奏和音乐当中找到一种表达自己的方式，体会不一样的热情。

合在一起的音乐——这种姆巴拉克斯音乐是由塞内加尔人尤苏·恩杜尔和奥马尔·佩恩普及起来的。

正如所有的非洲人一样，塞内加尔人也喜欢鲜艳的颜色。首先是女人们穿着彩色的衣服，或者是带有彩色图案的传统的披风——所谓的布布装。男人们用同样鲜艳的颜色装饰自己的小汽车、渔船、商店的牌匾，或者对他们来说是重要的东西。他们频繁地按喇叭——每个人都认为，别人必须给他让路，因为他比别人都忙得多。

穆斯塔法的仓库位于格·蓬皮杜大街的一条侧街里。这地方离港口刚好 1.5 公里。但是，就这么一段路，穆斯塔法行驶了半个小时。

卡车在入口处巨大的大门前停住了。司机还没有打开集装箱的门，就已经有一群人在前面集聚在一起准备卸车了。这些人并不是穆斯塔法的雇员。

在非洲，特别是在大城市，离你不远之处，总是“偶然”有几个男人在等待帮忙。例如，提供信息，给陌生人带路，或者这位陌生人恰好有什么别的需求。

穆斯塔法在与这几个男人讨价还价，问他们，卸这些东西到底需要多少钱。最后，他们谈妥了：2500 西非法郎，大约 40 欧元。在他们把第二捆扛到货仓里之后，这几个男人浑身都湿漉漉的，脸上还闪闪发光。

这时，穆斯塔法的一位心腹雇员注意观察着他们，并且把捆数记录在一张纸上。以后，就不会再有人对这张纸感兴趣了。但是，用这张纸，他可以显示出：我对每捆都注意了！因为在非洲，很多货物在运输中都丢失了。如果人们感到气愤的话，就可以说：它们被偷走了。但是，非洲人不愿意使用“偷”这个字。

现在，新到的几捆货物还没待上几个小时，这一消息就已经不胫而走，并且好奇者马上蜂拥而至。他们无心继续注意旧货捆，连一眼也不想再看，而是只盯着新到的那几捆货物。

因为成捆货物的问题在于：货物有好有坏。有些捆里有 10 件或 20 件名牌牛仔裤，也就是说，是“磨砂的”，并带有散成一缕缕的裤脚。非洲人也很时髦，甚至也许比欧洲人还时髦。什么东西在富国正在流行，年轻的塞内加尔人通过报纸、电影或互联网的广告就会详细知晓。来自廉价商店的浅蓝色的牛仔裤，即使在这里也无人问津——那就最好不穿牛仔裤！

棉花、布布装以及为什么非洲失去其五颜六色

非洲——对于我们来说，除了大草原及大象、狮子和角马之外，首先是穿着彩色衣服的喧闹嘈杂地混合在一起的人群。

但是，这其间，人们穿着的衣服大约已经有2/3是二手货。每年，数千吨的旧衣服从欧洲运到西非。东非恰好相反，是由北美诸国来供给。

然而，这种进口使当地民众的生活变得更痛苦。这些衣服以低廉的价格提供给市场，而当地货物就这样被排挤出去了。本来，当地的服装制造业给许多人提供了工作岗位——从棉花种植，到纺纱织布，再到衣服缝制。

加纳的情况有别：在这里，本地人只买民族服装。在马里，像以往一样，布布装仍然是地位的象征。它是一种节日的长袍，上面绣有很多精美的装饰刺绣——这是自己的产品。

成捆的货也有不好的，例如，里边只有家用织物、料子做的裤子和色彩单调的衬衫。当然，要是人们能够把成捆货按好坏分开的话，大家都想买装有时尚衣服的成捆货。但是，成捆货是不允许打开的——否则，每个人都只抢好衣服。从外观看是看不出什么门道的。

※ ※ ※ ※

在匆忙赶来的人当中，爱莎也混在其中。这位 38 岁的母亲有五个孩子，在北部的圣路易经营一个货摊。她今早 4 点钟就起床了，并且来到了达喀尔，为她的货摊进货。

爱莎选定了一捆，透过包装膜，里边有好几件蓝色的或是浅红色的衣服闪耀着。这些可能是很好出手的牛仔裤或彩色的衣服——她希望如此。她为这捆货支付了 8000 西非法郎，这大约相当于 120 欧元。

一个小男孩陪着爱莎——15 岁的穆罕默德。他整天都不离开她的身边，把所有的重活都接过来。他把那捆货扛到位于大清真寺附近的长途汽车站。这儿停着“森林出租车”，它们按某一条路线行驶，但是没有固定的开车时间。这样的小面包车仅有 12 个座位。但是，司机额外加了一些由木头、折叠椅或者是简单的铁棍做成的临时座位——这样连推带塞就可以拉上大约 30 个乘客。在未装满人之前，小面包车是无论如何也不会开的。

今天等了两小时左右，小面包车里才塞满了乘客。车里的人

MARKET

谁也转不了身，只能举起手臂。爱莎和穆罕默德默默地坐着，他们直出汗。为什么车还不开呢？一个男人出现在司机的窗口，递给司机一个包裹——那人说起来没完没了，还不停地打着手势。我的老天爷——但愿这是开车的信号！司机确实发动了汽车，并且嗡嗡地行驶起来，他既不向左看，又不向右看，而是开上通往城外的干线，一直朝北行驶。

大家都在享受着开车时吹起的穿堂风。不过，他们只能放松一会儿而已。只要交通状况一允许，司机就把油门踩到底。他好像要把在汽车站等待的几个小时，在不到几分钟的时间内就赶过来。乘客颠簸得很厉害，可以从窗户向外看的那些乘客，不一会儿就开始担心起他们的性命来了。

“安拉无所不能，穆罕默德是他的先知！”穆罕默德小声地说着这句保佑的套话。

相反，爱莎很熟悉汽车司机的这种驾驶方式。她坐车的姿势使她可以一直往后看。因为对她来说，可能发生的最糟糕的事情是：汽车会丢掉她装载在车顶上的那捆货。

2007年11月23日。圣路易港口城市。这个城市是西非的威尼斯，由法国人建造，那些人当时在这里是殖民统治者。旧城的核心位于一座伸展得长长的岛上，该岛坐落在塞内加尔河和海洋之间。一条500米长的桥梁通到那里。桥的半圆拱形是由法国工

程师古斯塔夫·埃菲尔建造的，所使用的钢铁和他建造巴黎著名铁塔时所使用的钢铁是一样的。旧城的核心是由殖民时代的密集的石头房屋构成的，这些房屋坍塌得越来越多。爱莎和她的家人就住在这里。

行驶十个小时并倒了一次车之后，爱莎、穆罕默德和那捆货终于在夜间到家了。今天，爱莎将打开那捆货，并且摆上新货——摆在她位于海滨近旁的市场上的摊位旁边。

她开始大略地计算一下：这捆货花了120欧元。她的家庭两个星期同样需要支出大约120欧元——加在一起就是240欧元。也就是说，这120欧元必须至少变成240欧元。常常会是这样的，但并不总是这样。像爱莎这样的小本生意人，有时会抽到实实在在的空签。几周前，她得到一捆货，只卖了100欧元，连本钱都没赚回来。

但是，在非洲，要是遇到这种情况，既无权退货，也无权索赔。在这里，人们对于命运的打击已经习以为常，他们并不诉苦。尽管如此，仍然继续打拼下去，想方设法渡过难关。

※ ※ ※ ※

2007年12月3日。圣路易的海滨停泊着许多木制渔船。大多数船的船身上都绘着奢华的彩色图案和充满想象力的名字，比如像“阿依达—圣路易”或者“穆斯林特快”。游客过来是为了和这些船合影。当渔民捕鱼回来，整个海滩都挤满了人时，这种情景看起来特别美好，大家都想得到自己的那份捕获物。

但是，这种美丽的景象颇具迷惑性：过去，渔民只在海上待一到两天就回来了。他们的船常常面临着沉没的危险，因为渔船装得太满了。但是今天，他们常常不得不在海上待上整整一个星期——尽管如此，收获仍然令人感到很失望。问题就出在大型拖网船上，它将面前的一切都一扫而光。

甚至 18 岁的阿德拉姆也在海滩上的人群当中。他来自内地的一个村庄。几年来，那里早就没有工作了。棉花，他们已不能再种，因为水实在是太少了。自从价格一落千丈以来，花生也无利可图。

西非和欧洲—— 一部苦难的历史

现今，捕鱼人把他们的渔船卖给人贩子，因为他们不能再以捕鱼为生。首先是欧洲大型拖网渔船，他们在到达西非海岸前就截获了那些大型鱼群。

欧盟从2000年到2006年支付了大约40亿欧元，为了维持渔业方面的工作岗位。这笔款项的大部分用于支付欧盟从西非国家购买的捕捞权。但是，这笔钱款肯定没有分给那里的渔民，而是落入了国家管理部门的口袋。

此外还有：欧盟补贴本来还用于维持欧洲的工作位置。但是，事实上，捕鱼者用这笔款项购买了更大更现代化的船只。经常有西非人为了廉价的工资在欧洲的，特别是在西班牙的拖网船上工作。写得更清楚些：西非人因欧盟的资金而受到了剥削，并且同时毁坏了西非渔民的生活基础。

媒体的诸多批评致使欧盟对捕鱼者限定了更为严格的捕鱼量：不再允许他们在海岸附近捕捞那么多的鱼。为了

保护幼鱼，他们必须使用网眼更大的渔网。但是，塞内加尔政府马上就把近海捕捞权以更高的价钱卖给了韩国——对本国渔民没有采取任何保护措施。

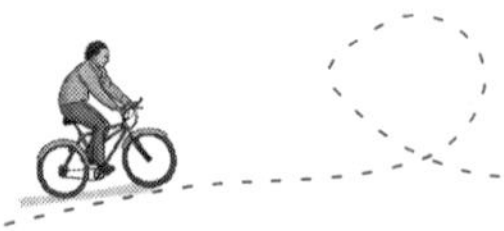

阿德拉姆在达喀尔混了一些时日。但是，他只是偶尔打打零工。因为，他在达喀尔既没有亲戚，也没有什么关系，而这些是找到一份好一些的工作的必备条件。因此，他想去欧洲。

是的，他特别渴望前往欧洲，因为他的老同学阿德布赖勒对他讲，他在那里找到了自己最大的幸福。阿德布赖勒半年前回来看望了他古老的村落，他穿着漂亮的衣服，戴着一块名贵的手表和一副价格不菲的太阳镜，旁边还陪着一个胖胖的白皮肤女人——那是他老婆。在德国，女人只等待漂亮的黑人来娶她们！

“**安拉万能**。如果你到了那儿的话，一切都很简单。”他们单独在一起的时候，他的朋友对他讲，“你找一个固定的职业。我在一家餐馆工作——麦当劳，世界上最大的餐饮业连锁店。你去理一个黑人发型，养成闲逛的习惯。你懂吗？这实在是太好了！然后，女人就围着你打转。这时，你就可以选择一个。”他拧了一下阿德拉姆的腰部，“那儿虽然有点儿冷，但是你能买得起世界上所有的衣服。你看中了什么就买吧！崭新的衣服——那里人这样说”。

他的朋友走后，阿德拉姆颇感不安。达喀尔不再是他的目标，他也想去欧洲，他也想进天堂。

几天来，他一直在寻找一只能带他去加那利群岛的船。至于说船有多大，旧到何种程度，或者船里要塞多少人，这时的他都不在乎。重要的是，他的350欧元够他横渡大洋的。这些钱，是他好不容易从亲戚和朋友那里借来的。

但是，蛇头拒绝了：一个座位要付 500～600 欧元。蛇头必须从渔民那里买小船，他们必须雇用一个有经验的船夫，还要付汽油费。此外，一些幕后人员和许多中间人也要从中分得一杯羹。

2007 年 12 月 7 日。当他在市里转悠，寻求渡洋的机会时，他听到很多关于渡洋和欧洲天堂的糟糕的事情。

几天以来，收音机里日夜反复广播政府插入的一句广告词：“你们的愿望不会实现的！”这就是说——大多数偷渡者都不会到达欧洲。他们或被淹死，或被遣返。即使成功了，他们也是非法入境者，不得不从事肮脏的工作，经常得不到工钱，而且作为非法入境者，即使病了也不能去看医生。

但是，海滨上的人说：“收音机之所以这样广播，是因为欧洲人付了钱！”

今天，在咖啡馆里，有人讲到，政府允许欧洲人这样做：用机关枪武装起来的飞机、直升机和快艇在国际水域的边界巡逻。他们强迫偷渡船返回，谁不顺从，就向谁开枪。

“简直是胡扯！”这时，另一个人喊道，“你们肯定不会相信，我们的政府会允许外国人杀死我们。”

“我们的政府什么事都能干得出来！”第三个人回答道，“他们也会把我们作为奴隶卖掉——如果有人要买我们的话！”

接着，沉默了一会儿，大家都感觉到自身的微不足道，并且束手无策。

然后，阿德拉姆听到一些在他的头脑里再也挥之不去的事情。诸多船只因暴风雨而损坏，或者不停地绕圈行驶，因为它们失去了方向。最终，船只倾覆，所有的人都淹死了——他们的尸体堆积在整个海滩上，远至马六甲海峡。

这事可不能发生在阿德拉姆身上。因此，他决定去探访一位巫师，即马拉布。马拉布既是巫师又是巫医。本来塞内加尔人属于穆斯林，但是，他们来自先于穆斯林时代的古老的礼拜式和敬神观并没有完全消失。按照他们的观点，整个自然界都是有灵魂的——到处都有恶魔和善神。但是，只有马拉布能看见他们。如果是一位善神在人或者旅途上方飘行的话，那就诸事皆宜；如果是一个恶神在其上面飘行的话，马拉布或许能把他赶跑。有时候，他没有成功，这时人们就得放弃他们的计划。

在阿德拉姆与巫师成交之前，他们讨价还价了好一阵子。纸币易主，于是马拉布求教于其先人和看不见的助手。他从一个瓶子里喝一种看起来很奇特的液体，来回摇晃着身子，并且开始转动他的眼睛。

然后，马拉布口中念着咒语，双手在阿德拉姆的头上抚摸着，并且把一些液体喷到他的脸上，为他祈福。最后，马拉布小声叨咕些什么。对此，阿德拉姆只能听懂只言片语：“你们将……到达……你们的目的地——但是……刮风……长长的……船上的阴影……它跟随着你们……保护……闪光物……”

保护……闪光物？阿德拉姆想问，马拉布所说的这些是什么意思。但是，马拉布从他的阴魂附体中一下子醒来了，并且有气无力地说：“现在走吧，我累了！”

他应该保护闪光物，还是他用闪光物保护自己呢？阿德拉姆在城里逛了半天，才在爱莎的货摊上看见那件红色的毛背心——大概这就是好兆头。

他傻里傻气地对售货员说：“它看起来像是一件魔法背心！”

“是的，”她说，“它是一种防潮材料制成的。不仅水进不去，而且你本人也不会出汗。这件背心确实有魔力……要是我再好好考虑一下的话，那么130法郎（2欧元）实在是太少了。”

现在，阿德拉姆必须还价了：“那为什么到现在还没人买呢？说不定穿上这件背心会遭到厄运。说它漂亮吗，根本就谈不上。”阿德拉姆摊开背心。

“嗨，瞧，它这儿竟然还有一大片污渍！”

“那好吧，130法郎！”爱莎爽快地说，“特价。把钱给我！”

就这样，背心最终易主了。

第九章

有人口渴，有人不渴

——特内里费沿海的生死搏斗

2007年12月14日。太阳落山后，偷渡者集聚在海滩上。今天终于可以上路了。在阿德拉姆只能付350欧元被多次拒绝后，蛇头终于接受了这个数额。“但是，这样你就别想舒服了，这些刚好够船和汽油的费用。”那个看起来很凶恶的男人说。

这之后，有好几天一点信息都没有。阿德拉姆每天下午都去海滩找蛇头。“今天不行！也许明天吧。”蛇头这样回答说。他们傍晚已经在海滩聚会两次了。但是，蛇头说，天气太坏。如果海浪高过两米，人们在一个敞舱的小船里是没有生存机会的。

但是今天，条件确实已经具备了。蛇头把钱收上来。此外，他把所有的证件和文件也收上来，并且把它们烧掉。“这些是所有的证件吗？如果还有一个人有证件在身的话，那我们就都完蛋了。如果他们在国际水域把你们抓到的话，你们身上不允许带着任何证件。可以说出你们的名字，但是不可以说出你们是从哪儿来的。这样，他们就不能把你们送回塞内加尔。这是被禁止的。在未来几小时内，不管发生什么事情，你们都不要开口讲话。你们必须到达国际水域！”

阿德拉姆的朋友建议他事先仔仔细细地看一看小船。小船有没有漏水的地方？小船有高质量的发动机和足够的汽油吗？小船上有帮助他们可以找到其目的地的定位系统吗？但是，阿德拉姆如何才能把这些查清楚呢？

天色已黑，他们在最后一刻才被带到小船上。蛇头看起来很凶狠，腰间插着一把大刀。此外，阿德拉姆还得到了优惠的航行价格。如果他现在问这些事的话，他们肯定会把他送走，而且还不会退款。因此，他不敢往近处看，而是登上船，挤到其余 62 个偷渡者中间。

阿德拉姆坐在小船的尽前边。这不是个好座位——但是，对于他所付的钱来说，他也就不能再要求什么了。在小船与汹涌的波涛搏斗时，坐在前面的人浑身都湿了。不过，阿德拉姆穿着那件红背心。甚至后来，他的“魔法背心”也保护他不受船行驶时不断溅起的浪花的冲击，使他保持身上干燥不湿。

塞内加尔人是怎样去欧洲的?

塞内加尔人去欧洲有三种可能的方法：

1.最保险的办法是：娶一个欧洲女人。但是怎样找到一个欧洲女人呢？只有很少的欧洲女人是作为想结婚的游客来到塞内加尔的。因此，为了能够去寻找另一半，人们必须首先来到欧洲。

2.最便宜的方法，绝对不是用渔船做交通工具，而是飞机。一张达喀尔——巴黎的机票起价300欧元。当然，人们还要有签证。为了骗过塞内加尔官员，一个假签证就够了。但是，即使到了巴黎，人们最后还得带着假签证起飞，被遣送回来。

3.最危险，同时也是最昂贵的方法是，乘坐敞舱船远涉大西洋——在人口走私贩子的带领下，非法渡过大海。

2006年以前，非洲偷渡者的主要路线是通过直布罗陀海峡前往西班牙。这条路线横穿撒哈拉沙漠直达摩洛哥海岸，人们常常要步行一大段路程。

但是，自2006年以来，那里加强了控制，摩洛哥人

采取了有力措施。偷渡者遭到痛打，被塞进巴士，在边界——在沙漠中间——就把他们随手丢弃了。因此，现在，最新的偷渡路线是绕开摩洛哥。东部的偷渡路线是，经由利比亚，渡过地中海，再去意大利或者是希腊。西部的偷渡路线是从毛里塔尼亚或者是塞内加尔的海岸，远涉浩瀚的大西洋，前往加那利群岛。

这样一次旅行持续四至五天，花费约600欧元。价格取决于船的种类：木船还是钢船，是否由发动机驱动，船上是否有全球定位仪，诸如此类。

过去，塞内加尔的年轻人只是信任他们的朋友和熟人的讲述。今天，他们在互联网中获取更多信息。那里，除了提供“正常的旅行”之外，还提供人口走私途径。而且，在互联网中，人们还可以了解大西洋上的天气趋势：风是从哪个方向吹来的？最近有暴风雨还是哈麦丹风？(哈麦丹风来自撒哈拉沙漠，吹起时携带大量沙尘，使人目不能视。)

但是，连被偷渡方也武装起来了：欧盟建立了共同边境防护部队——欧盟边境控制署。他们的宣传教育飞机、直升机和巡逻艇在西非海岸搜索偷渡船只，并且阻止他们进入国际水域。

他们身后一有轻浪，导航员就会继续提醒说："谁偷了其他人的饮用水或是钱，谁就会被抛下海。你们早晚只能各饮一杯水。否则你们的储备就必然不足，而且你们还会不停地小便。小便或者其他的事，你们必须在船壁上才能完成。让你们的邻座拽住你们，这样你们就不至于掉下去。不要对着船壁小便。因此，在需要小便时总是要往后走。要是安拉保佑的话，我们一定会成功。"

※ ※ ※ ※

2007年12月15日。太阳升起时，阿德拉姆断定，肯定不能看到海岸了。周围只有水，这确实是一种非常奇特的感觉。阿德拉姆朝四周看看：有很多年轻的男人，还有几个年轻的女人。

只是在他旁边坐着一位老人。说他是老人，并不是以欧洲人的标准，而是根据非洲人的标准：他53岁，因其生活中经历了诸多奋发进取与悲观失望之事，所以岁月在他的脸上留下了深深的皱纹。为什么一位老人要进行一次如此艰辛的旅行呢？"你为什么来到这儿？"阿德拉姆问道。

"哦，你知道，大家都认为，我老了，我是熬不过来的。但是，我熬过的艰难岁月比你们加起来的还要多。我干了40年，经历了几次饥荒。我所有的孩子现在都住在令人羡慕的国家——法国。我妻子去年得黄热病去世了。没有医生愿意到我们这里来。在法国，或许不会发生这样的事情。

"我每天早晨独自醒来时，就像得了一场严重的疾病；而我每

晚独自上床睡觉时，又像经历了一次短暂的死亡。因此，我必须动身。如果我死在去我孩子那里的路上，那对我来说也是值得的，反正我已经老了。

“但是，你们这里所有的人都还青春年少。因此，安拉一定会开恩，并且一定会指引我们的导航员，让他掌好舵……”

2007年12月16日，远在大西洋。

“看那儿！”阿德拉姆突然一下子站了起来。

“那儿有什么！”他对他的邻座说。

“不，那儿什么也没有。没有，没有。”有人静静地回答。

大家都这样提醒他：你不断地看见陆地和高山。但是，那些只不过是几片厚厚的云层或者是高高的波峰罢了，那些都是幻觉。你越是疲惫，就越容易看见最美好的事物。

他们唱了几个小时，总是一而再、再而三地重复这句单调的唱词：“吼——吼吼吼——吼——不久我们就到喽。吼——吼吼吼——吼——在美丽的欧洲……”

而正在这时，他们中有一个人插进了一句新词：“吼——吼吼吼——吼——要注意喽，白人。吼——吼吼吼——吼——不久我们将用你们的盘子吃饭喽！”这时，大家都开怀大笑起来。

但是，有些人唱得很动情：“吼——吼吼吼——吼。我们将再次见到我们的村庄吗？我的父母会怎么样？谁来照顾我的兄弟姐妹呀？吼——吼吼吼——吼。安拉——你到底如何安排我们的命运啊？！”

于是，女人们开始哭了起来，而男人们则呆呆地看着大海。

那件毛背心不仅保护阿德拉姆免受浪花侵袭，而且还为他抵御夜间的寒冷。但是，很遗憾，他穿着它整天都不会出汗并不是事实。对他来说，天气热得要命，他的脸开始感到火烧火燎的。

2007年12月17日清晨，毛里塔尼亚近海。这片海域的产鱼

量被视为是特别丰富的，拖网渔船整夜来回作业。其中一艘是来自西班牙的“阿尔罕布拉”号，舵手米格尔在雷达上跟踪着稠密的鱼群。相反，对于小船，他无暇顾及。这一群群该死的鱼，他想，忽而游到这儿，忽而游到那儿，忽而再次潜水消失，或者忽而靠近浅海岸。

突然，米格尔在瞄准器中看见巨大的一群鱼，它们平静地朝着一个方向游动。这很可能是沙丁鱼！他向鱼群驶去。拖网船很不情愿地准确地保持航向，朝着阿德拉姆的偷渡船开过去。

人们都在那里各自打盹。米格尔恰好在第一缕阳光滑出海平面的这一时刻向上看去。这时，远处，有个像灯光浮标一样的红色的东西闪闪发光。注意！米格尔拨转方向舵，轻轻地校正一下航向，可以确保拖网船从距离偷渡船不到几米的地方行驶过去。在晨曦中，米格尔辨认出了船体——一艘没有任何船位灯的船。

“这些该死的非洲人！”米格尔一看到就高声喊道。但是，然后，他看到船上有很多脑袋。噢，又是出卖灵魂的人！米格尔画了个“十”字，并且后悔不该像刚才那样骂人。他感谢圣母玛利亚让他成为西班牙人。

甚至在后边，在拖网船甲板上，水手们也在瞬间忘记了工作。在这儿，在外边甲板上工作的只有黑人，即塞内加尔人和毛里塔尼亚人。刹那间，一切都静止了，非洲人端详着非洲人的脸。

谁也不问候谁，没有人开口。为什么会是这样呢？因为，实在是没有什么可说的——在生活中，难得一切都这样清楚明了。拖网船上的男人已经走过了其人生最危险的旅途，并且他们知道：很多人都将是以生命为代价的。尽管如此，他们也不能说服任何一个偷渡者放弃他的梦想。

偷渡者再次看看如奴隶一样生活和工作的同胞。他们想：如果我挺过这次极为危险的航行，我永远也不会再上小木船，甚至连拖网船也不上——因为在那上面，不管什么天气，我都得像牛马一样干活。拖网船上的男人知道，偷渡者会这样想。但是，他们更清楚：如果你在欧洲，你将对安乐国感到惊奇，这和在家里时人们向我们讲的完全不一样。没有证件，没有工作，或许只能当收割帮工……在拖网船上，你至少还有一张自己的床铺和一份固定的工作，而对于这份工作，无人会提出你无权占有。

但是，当他们结束这些万千思绪的时候，那艘偷渡船早已再次在半明半暗中消失了。他们面面相觑，还是无人开口。这是为什么呢？慢慢地，他们又开始工作了。

2007年12月18日，在大西洋的某个地方。四天来，他们几乎没有吃过任何食物，并且紧急储备水在48小时前就已告罄了。阿德拉姆的身体已经变得非常虚弱，他眼前阵阵发黑。由于一直在一个地方坐着，大家都感到骨头酸痛。

只有坐在阿德拉姆旁边的那位老人没有抱怨。“我像牛马一

样干了 40 年。我什么都干过。在我们洲，大概没有我没干过的脏活，当然，除了刽子手和总统之外。现在，我在观赏世界——而且是坐着，实在是太好了。”

阿德拉姆感觉到，导航员失去了方向。他只让发动机按小时工作，并且反复地试图根据水流来确定方向。

但是，过了一段时间后，连那位老人也沉思起来：“阿德拉姆，你必须答应我两件事情，如果我比你们提前结束我的旅行的话……我现在把我的幸运物，我总是戴在脖子上的这个护身符交给你。说不定你会找到我的孩子，那你就把它再交给他们吧，或者你把它送给你的孩子。这儿，我的袋子里，是我的节日长袍。如果你们让我滑入大海，并且在极为美好的海豚和鲸鱼之间漂浮的话……那我就想穿上这件衣服。这两件事，你能答应我吗？”

“当然。”阿德拉姆小声说。再多，他就不能说了。

2007年 12 月，具体日期不详，在大西洋的某个地方。

现在，他们在半路上已经四天还是六天了呢？这个日期，阿德拉姆已经记不清了。当然，这对他来说也无所谓。他的屁股特别疼。整个这段时间，他一直被人夹挤着坐在那里，身体一动也不能动。

奇怪的是，他一点儿也不饿。但是，与此相反，他的咽喉干燥得像是着了火。饮用水，已经很长时间没有了。在他们周围，数百万升水——盐水——来回摇晃着。他的口中是那么的干燥，以至于他都感觉不到舌头的存在。他差点儿把它给咬掉……

他们早就应该到了，航行时间应该是四天。但是，自昨夜以来，导航员已经不再发动发动机，准是没有汽油了。可是，无人敢问。不时有人开始叹息呻吟，或是满腹牢骚。

※ ※ ※ ※

2007年12月21日，特内里费，美洲海滩。

终于度假了！英国人史蒂夫·米勒向后靠在自己的躺椅上。作为汽车机械师，他不能常常休假。但是，他每年一次犒赏自己和

妻子体味几天阳光及酒店酒吧的感觉。圣诞节前不久，只有一个足够温暖的地方：加那利群岛。

昨天傍晚，他在酒店酒吧里待的时间相当长。后来，他也不知道是什么时候，又是怎样回到酒店房间的。但是，他的妻子早晨一点儿也不心疼他，刚过9点就把他给叫醒了。“起来，不然我们就没有早餐了！你可以整天在海滨继续睡。”

“今天晚上，我要早睡！”他叹息道。但是，别说他的妻子，连他自己都不相信自己能做到。在海滩，他在躺椅上先睡了三个小时。

与此同时，西南方向，足足60公里开外。所有偷渡者都还只是无动于衷地坐在那里。他们的面孔被灼伤了。不知从何时起，阿德拉姆能听到的只剩呻吟声了。他们已经无力叹息或抱怨，因为他们的身体实在是太虚弱了……

几个小时来，阿德拉姆一直在自问，在他旁边的那位老人到底是否还活着。他长时间以来就不曾动弹过，连叹息声都没有。疲惫的老人在睡梦中身体动不动？他不想碰他。如果他真的睡着了，他不想把他弄醒。而要是他死了的话，他可能就无能为力了……

这之后，他在地平线上似有所见。

然而，赌咒发誓，他确实知道，这些只是该死的海浪、该死的云层和该死的恶魔，是它们把他们引入歧途的。

2007年12月22日，美洲海滩。史蒂夫躺在躺椅上，长长地出了一口气：呵！今天他的状况又好多了。

他一会儿闭上眼睛，一会儿睁开眼睛，这样反复了多次。实际上，大海还一直在他面前，他妻子、侦探小说和防晒膏在他旁边。他短暂地潜入海浪后，又倒在了躺椅上。他只看了一小会儿侦探小说，刚读完一页，就又睡着了。

后来，他把书放到了身边，将目光移向地平线。他可以看见深蓝色的水，只有大海：一望无际的浩瀚的海水，这些海水因泛起波浪，而在波峰产生了白色泡沫。他的活动持续如下：游一会儿泳，读一页书，睡一会儿觉，向四周看上几眼。不知下午什么时候，他在地平线上发现了一个小黑点儿。那肯定是艘船。

他又打了一下盹儿，由于害怕很快站了起来，在地平线上搜寻着什么。那艘船一直还在——它在慢慢地接近，好像是在漂浮。现在，他认出来了，那是一艘敞舱小船，也许是当地渔民撒下了他们的渔网。但是，一刻钟后，他清楚地看到在船边上面有许多小点。

“嘿，你瞧，那边远处，那艘小船，”他的妻子不让他继续观察，“这也许是……”

“……一艘偷渡船！”他说出了那句令人不安的话。

船越是接近，就越能确信：40，或许50，甚至60人蹲坐在那儿，在那艘非洲的木船里。他们乘坐那只“坚果壳”，从非洲穿越大西洋航行而来……

看来，发动机的汽油已经用完了。谁还有力气，谁就用木板划动小船，航行完这最后一段到达岸边的航程。

此时，其他游泳的客人也发现了这艘船。没有人继续阅读或是玩球——大家都在焦急地观察着，并且很担心即将发生的事情。

离海滨约50米处，涌起了拍岸的浪花。小船无助地在海浪中摇晃着。几个偷渡者跳下水，开始惊恐地用手臂划船。他们大概不会游泳！

这时，最初几名游客自发地跳入水中，去救援这些无助的偷渡者。史蒂夫躺在那里，浑身僵硬，无法跳进海里把黑人拉上岸。但是，他有手提摄像机，没有多想，他立刻从沙滩袋里拽出摄像机并拿在手中。本来，他想举行一次家庭电影晚会，拍摄落日、妻子和冲浪……

但是，现在他拍下了令他感到十分难受的情景。

有些游客是训练有素的游泳者，他们游到那些在水中漂浮，并且感到惊慌失措的偷渡者身边，托住他们，把他们拉到岸上。

其他的偷渡者凭借自己的气力闯过拍岸的浪花。在那儿，有人助他们一臂之力，帮助他们上岸。在海滩上，第一批偷渡者昏倒了，他们连高兴的力气都没有了。他们的脸上毫无表情，但是在他们的眼睛里，人们看到了毫无掩饰的恐惧：他们根本就不相信，自己已和死神擦肩而过。他们当中的多数人都在浑身颤抖。这时，几乎所有的游客都拿着毛巾和水瓶来到这里。游客给他们水喝，递给他们毛巾，让他们能够把头放在毛巾上。

于是，手提摄像机摄下了一位身穿红色背心的青春年少的偷渡者，他也在浑身颤抖。尽管如此，他仍跪下并试图祈祷。手臂半伸，就像穆斯林信徒所做的那样，他肯定在感谢安拉保佑他们活了下来。

救护车和海岸执勤人员渐渐到达，度假者若有所思地返回了他们的酒店。晒完太阳，游完泳之后，他们深感心情沉重。

傍晚，一位男人来到酒店酒吧，同史蒂夫攀谈起来："我来自英国电视台，BBC。您今天早晨摄制录像了吗？对于这次拍摄，您想获得什么？"

"我想对此得到什么？"

"对，如果您把这盘带子的所有权转交给我们的话，我可以付给您 500 英镑。"

史蒂夫考虑了一会儿，用这 500 英镑都可以做些什么。于是，他答道："我不想要这 500 英镑。一瓶啤酒怎么样？"

"一瓶？整个晚上都包在我身上！"

但是，甚至连今晚啤酒的味道都不对味儿。史蒂夫本来想把世界远远地抛在脑后来放松放松。但是，现在的事情并没有那么简单。甚至在一个如此偏远的地方，譬如加那利群岛，世界上的麻烦事也跑到了我们的面前。

第十章

展望：我们怎样才能共同改变这则故事的结局

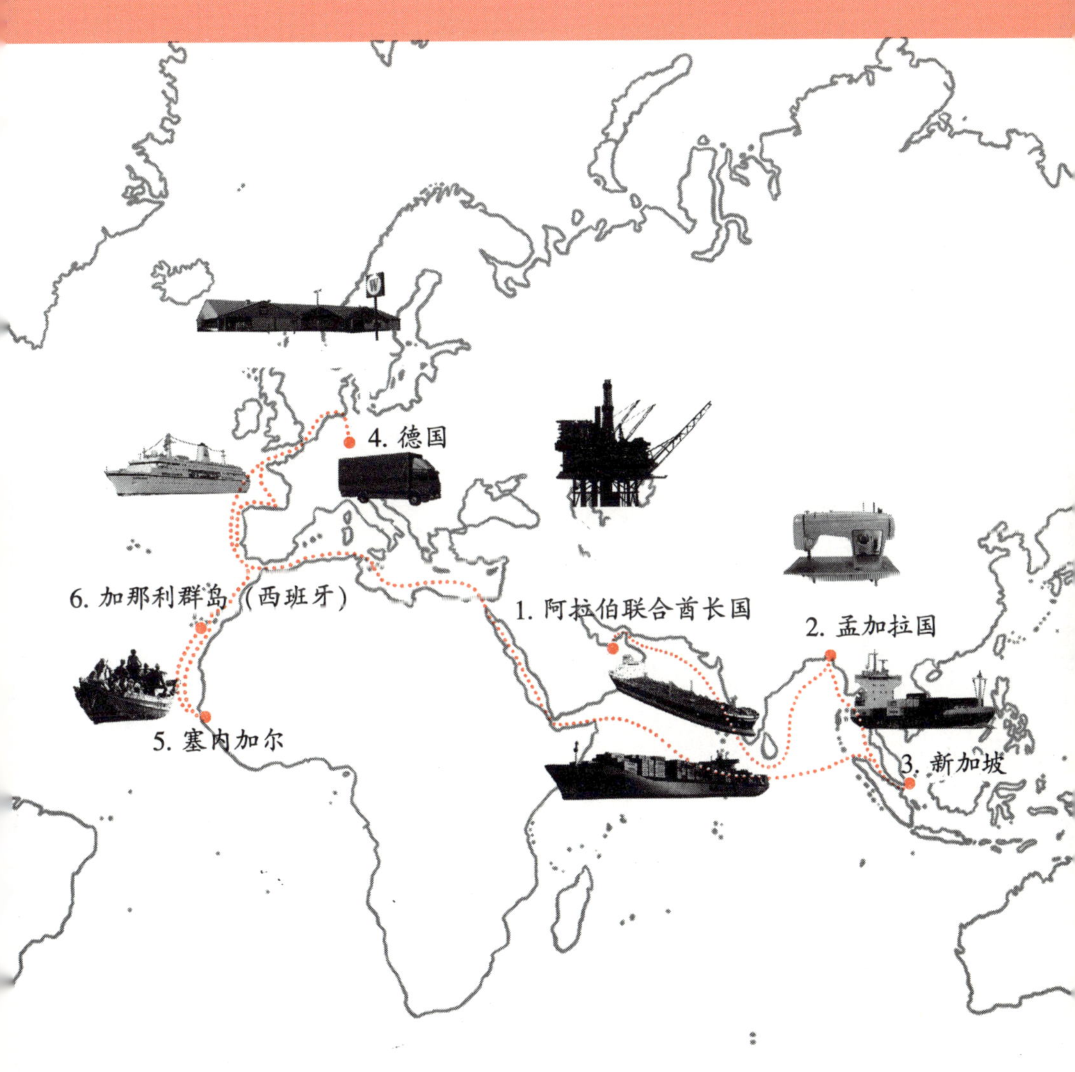

2008年3月15日。我必须在今晚把故事的剩余部分发给出版社。这之后，我还有一点儿时间，校对文章、配备插图和美工设计（书籍中图像和说明文字的编排）——然后将这些一起发给印刷厂。大部分出版社的印刷厂都不在相同的城市，有的甚至都不在德国境内，而是在意大利或斯洛文尼亚，或者在印度或中国。当然，这本书一定会在德国印刷的。

接下来在阿德拉姆的身上和在毛背心的故事中又发生了什么呢？解答这个问题前，我们还应说明一点——即使这本书的大部分读者一定已经暗自思考过了。这是一则故事而非一篇通讯报道，但是我的红色毛背心确实是存在的，而且故事中所提及的地方，都是我在无数次的记者旅途中了解到的。我核查了这个故事的每一个环节：从石油到孟加拉国生产，再到偷渡去加那利群岛的难民逃亡路线。例如，迪拜的海港入口有多深？吉大港火车站前的街道叫什么？达卡纺织厂的女工休息多长时间？怎样在偷渡船上弄到一个位置，等等。

我想，这个故事的来龙去脉肯定是符合事实的。我没有足够的

时间和游资，花费两年半的时间，来追踪我的毛背心所经之途，所以有些地方只好借助于想象了。此外，我本想写一个不断被人追问的故事：它目前的进展状况到底如何？

现在，让我们回到阿德拉姆身上来。在特内里费岛登陆后，他会有些什么经历呢？西班牙当局没有提供有关各个偷渡者命运的信息，而我们对于那些成功登陆欧洲的偷渡者又知之甚少。报纸，甚至电视新闻中也很少报道此类消息。2006年，至少3万非洲人乘坐小渔船抵达了他们所谓的“伊甸园”的入口。尽管强大的巡逻队使2007年间的偷渡者数量减少了一半，但每月仍然有大约1000人来到该岛。他们会有怎样的遭遇呢？

根据西班牙地方政府及媒体的报道，我们至少可以获知：这些偷渡者先被送到位于加那利群岛腹地或者西班牙大陆的拘留营。根据西班牙中央政府的规定，他们会于40天后被释放，然后就可以作为自由人进入自由世界了。

为了得到合法的证件，他们必须提出避难申请。此外，他们还必须能够证明在家乡饱受迫害，否则就得不到避难。他们中的大多数人仅受生活所迫，但这并不能成为申请避难的理由。

于是，很多人立即非法潜入地下。他们住在摇摇欲坠的房子里，或是自己在农村搭建的棚屋里。他们打黑工，因而不必纳税，也不用缴纳社会保险。他们受雇当建筑工人、帮厨，或是在农村做收割帮工。尽管工资很低，但如果雇主能付给他们的话，他们还是很高兴的。因为他们是不受法律保护的人——没有证件能够证明他们的身份。

那么，这本书中的主人公，那件红色的毛背心，又怎么样了呢？经过反复揉搓，它肯定已经被穿坏了。它很可能会被放进回收箱里，并作为原材料再做一次小小的环球旅行。但是，在加那利群岛还有很多有价值的原材料并未回收利用，虽然此时当地已有很多彩色的回收箱，但是居民拒绝使用。几乎可以肯定的是：毛背心要么在垃圾堆放场变得霉烂了，要么已被焚毁了。由于它的主要成分是碳，在焚烧过程中，会有大量造成温室效应的二氧化碳释放到大气层中。

也许阿德拉姆会从这件把他引入自由世界的毛背心上剪下一角，然后，把它挂在那位老人的护身符上。如果以后在特内里费岛或大加那利群岛，在马德里或巴塞罗那，在那不勒斯或马赛，在汉堡或汉诺威，再次见到这红色毛背心的一角的话，或许我还能认出它来。

也许阿德拉姆会在那儿成为街头小贩艰难度日。根据天气情况，他向当地人或者我们这样的游客出售太阳镜或者雨伞。这些太阳镜款式新颖，但是不能防紫外线。当然，消费者认为，

新潮的外观和低廉的价格，比眼镜良好的防护功能以及良好的生产环境更重要。阿德拉姆在雨天卖雨伞，这些产品做工粗糙，而且大部分只能使用一次。当然，人们可以立刻花5欧元再买一把新的……

※ ※ ※ ※

这个故事一定要这样结局吗？我们购买这些质劣价廉的商品，而那些生产和销售这些商品的人根本就不能以此为生，难道非得这样吗？不，不能这样！我们一定要设法改变一些事情。

我们必须敦促我们的政治家，不要利用商业政策玩一些所谓的公平游戏。我们要求其他的国家开放市场并遵循市场规则，我们的国家亦应如此，尽管一些职业群体会因此而进行更激烈的竞争，并且日子也会过得很艰难，例如农民和渔夫。

公平比赛一直深受欢迎——如体育比赛。在足球比赛中，如果只允许对手派5名球员，而非11名球员上场，那胜利还有什么意义呢？我们必须也向国际市场阐明公平原则。因为全球化意味着：我们不能对其他大洲的问题袖手旁观。所以：你们要提出问题，给出建议！

甚至，我们作为消费者，也必须完成自身的任务。最终，我们必须认识到：通过每一次的行为，特别是每次购买行为，我们可以共同决定，我们想生活在怎样的世界里。

当我们选定一项产品而放弃其他产品时，我们同时也就决定了，哪些商品和企业能够赢利，哪些国家能够出口更多的产品，以及工人的工作环境如何……

我们消费者一直认为，权力只掌握在那些少数政治家的手里，他们乘着直升机或装甲豪华轿车，往来穿梭于世界各地的各种会议。然而，未来我们可以团结起来，通过小小的购物车或者网络购物，产生比某些政治家更为深远的影响。

以我的毛背心为例。我本该事先询问：它产自哪里？它是在何种条件下生产的？这其中消耗了多少能源，已经产生了多少废物，并且还将产生多少废物？

百货大楼和商贸连锁店提供给我们需要的产品：这些商品固然便宜，可是没人能从中看出工人的生产条件和环保状况。万般无奈之下，我们只好不买那些新潮的体操鞋、时髦的裤子以及那些廉价的毛背心——至少应等到生产这些衣服的社会环境和生态环境相互协调一致时为止。

无论如何，我已经下定决心：我下一件暖和的工作服还是一件孟加拉国产的毛背心——但是，它必须是在公平的条件下生产的。只是这次一定不要红色的了。最好是棕色或灰色的，或许蓝色或米色的也可以……

4. 德国
6. 加那利群岛（西班牙）
5. 塞内加尔

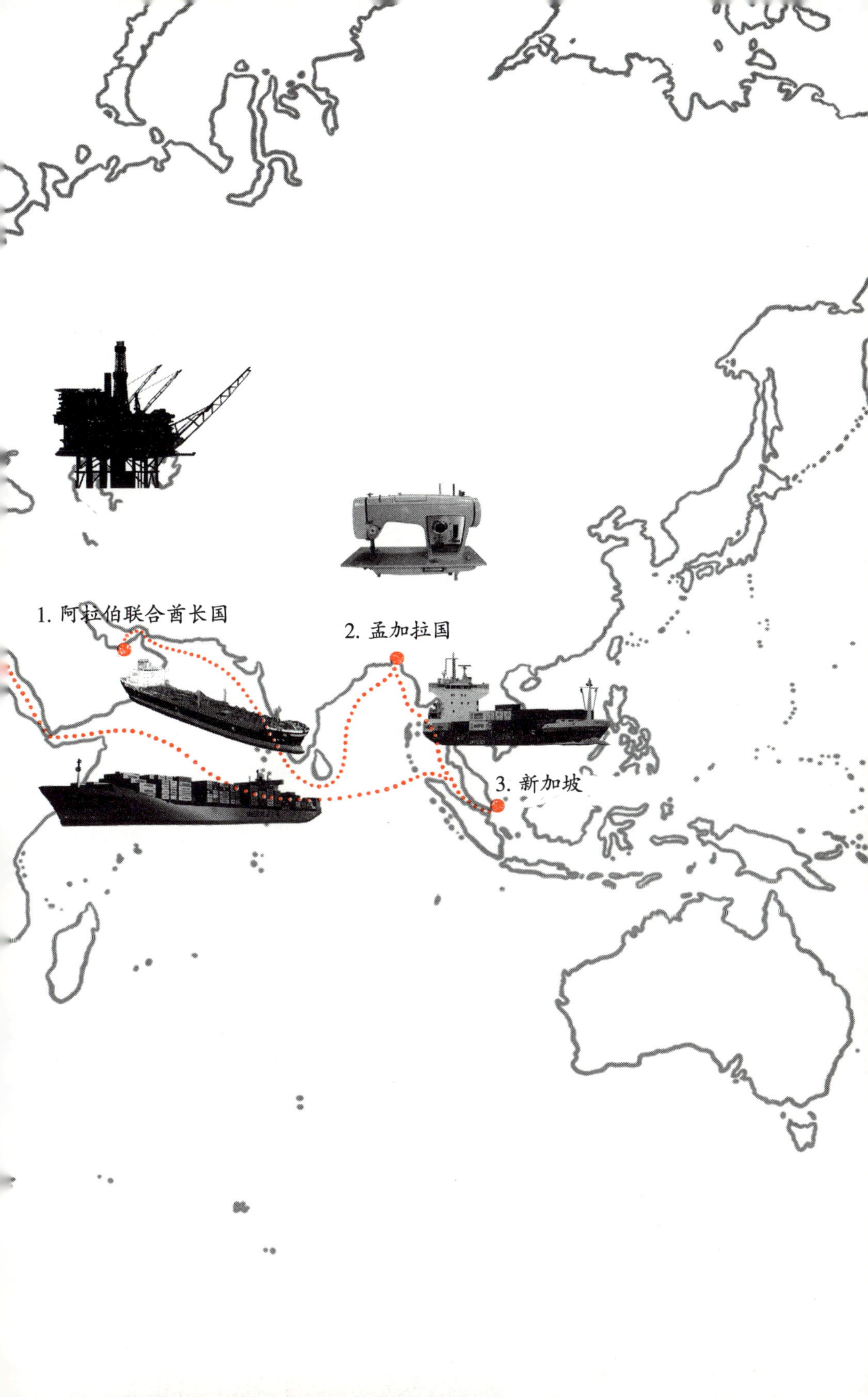
1. 阿拉伯联合酋长国
2. 孟加拉国
3. 新加坡